Kirsten Frielinghausen-Labitzky
& Gudrun Heinrichmeyer

Auch Mamas sind mal wütich!

Erziehungslust statt Erziehungsfrust

Remote Verlag

Bibliografische Information der Deutschen Nationalbibliothek
Die Deutsche Nationalbibliothek verzeichnet diese Publikation in der Deutschen Nationalbibliografie; detaillierte bibliografische Daten sind im Internet über http://dnb.dnb.de abrufbar.

Für Fragen und Anregungen:
info@remote-verlag.de

Erste Auflage 2020 Remote Verlag
Schubertweg 4, D-41836 Hückelhoven

Covergestaltung: Wolkenart - Marie-Katharina Becker, www.wolkenart.com
Korrektorat: Katrin Gönnewig
Lektorat: Katrin Gönnewig
Satz: Wolkenart - Marie-Katharina Wölk
Redaktion: Nico Hullmann
Bildnachweis: Depositphotos.com

ISBN Print: 978-3-948642-17-4
ISBN Ebook: 978-3-948642-16-7

Weitere Informationen zum Verlag finden Sie unter: www.remote-verlag.de

Auch Mamas sind mal wütich!
Erziehungslust statt Erziehungsfrust

Kirsten Frielinghausen-Labitzky
& Gudrun Heinrichmeyer

Remote Verlag
www.remote-verlag.de

Inhaltsverzeichnis

Widmung

Für Julian und Cederic.
Ich liebe euch von ganzem Herzen.
Immer.
Ich wünsche euch ein glückliches und zufriedenes Leben,
in dem ihr eure Potenziale entfalten könnt.
Für Mama und Papa.
Bereichert auch weiterhin unsere Leben.
Danke für alles.
Eure Kirsten

Für meine Kinder, Enkel, …
und ihre Familien
Ich liebe euch
und wünsche euch von Herzen
ein glückliches, erfülltes und selbstbestimmtes Leben!
Eure Gudrun

Die Autorinnen

Kirsten Frielinghausen-Labitzky

Jahrgang:	1979
Familienstand:	verheiratet 2 Jungs (Jahrgang 2013/2017)
Studium:	Deutsches und europäisches Wirtschaftsrecht mit Abschluss Diplom
Weiterbildungen:	Trainerin, DVNLP Lerncoach-Trainerin, nlpaed Ressourcenorientierter Coach (zertifiziert nach ProC)

Gudrun Heinrichmeyer

Jahrgang:	1957
Familienstand:	verheiratet 1 Junge (Jahrgang 1988) 1 Mädchen (Jahrgang 1991)
Studium:	Psychologie mit Abschluss Diplom
Weiterbildungen:	Approbierte Psychotherapeutin NLP-Lehrtrainerin, DVNLP Lerncoach-Trainerin, nlpaed Lehrcoach, ProC

Gedanken zum Thema Erziehung von Kirsten

Wie möchte ich mein Kind erziehen und was für eine Mama möchte ich sein?, waren einige meiner ersten Gedanken, nachdem ich erfahren hatte, dass ich schwanger war. Damals wollte ich eine coole Mama sein, bei der die Freunde gerne zu Besuch sind. Ich wollte Werte vermitteln, damit mein Kind ein anständiger Mensch wird und von Anfang an, wollte ich meinem Kind immer wieder sagen, dass ich es lieb habe. Ich wollte eine perfekte Mutter sein. (Dass dieses Vorhaben ziemlich idiotisch und unrealistisch ist und zudem eine Menge Energie und Zeit raubt, die ich besser mit schönen Dingen verbringen sollte, wie z. B. meinen Kindern oder Zeit für mich, lerne ich noch heute jeden Tag. Denn was ist schon perfekt? Und wem nützt perfekt?)
Aus heutiger Sicht kann ich über meine guten Absichten und naiven Vorstellungen nur schmunzeln oder manchmal mit den Augen rollen.
Denn von den vielen Überlegungen, die ich damals angestellt habe, natürlich alles auf rein theoretischer Basis, hat sich im Großen und Ganzen nur eins genau so ergeben. Ich sage meinen mittlerweile zwei Söhnen täglich, dass ich sie lieb habe. Nach einigen Jahren des Realitätschecks ist das für mich die Basis des Umgangs mit meinen Kindern. Sie sollen immer und in jeder Situation wissen, dass ich sie liebe. Das heißt nicht, dass ich ihr Verhalten immer ertragen kann. Das nun wahrlich nicht. Sie treiben mich manchmal in den absoluten Wahnsinn. Und es heißt auch nicht, dass ich nicht auch mal richtig wütend werden kann und mit ihnen schimpfe. Ich bin auch nur ein Mensch. Eine Mama, die nicht perfekt ist. Und dennoch liebe ich die zwei unendlich.
Das allein hilft mir allerdings noch lange nicht, den Erziehungsalltag zu überleben. Im Laufe der Jahre habe ich viele Bücher gelesen, mir Tipps von anderen Mamas geholt, mit meinem Mann gesprochen usw., aber ein Patentrezept habe ich nicht gefunden. Bis mir irgendwann, als mein Ältester in den Kindergarten kam, klar wurde, dass die heutige korrekte Bezeichnung der Kindergartenmitarbeiter

Erzieher/in lautet und es auch kein Kindergarten mehr ist, sondern eine Kindertageseinrichtung.
Das Wort Erzieher hat mich stutzig gemacht und auch verwirrt. Was war an der Bezeichnung Kindergarten und insbesondere Kindergärtnerin schlecht/falsch oder zumindest so, dass es nicht politisch korrekt ist?
Schnell kam ich zu dem Schluss, dass es mit Wertschätzung und natürlich finanziellen Aspekten zu tun hat. Wer bekommt im Allgemeinen mehr Anerkennung, eine Erzieherin oder eine Kindergärtnerin? Es sind nun mal noch größtenteils Frauenberufe. Erzieherin klingt natürlich ganz anders und eine Erzieherin arbeitet auch nicht im Kindergarten, sondern in einer Kindertageseinrichtung. Was mich allerdings zum Kern der Sache gebracht hat. Was verbinde ich eigentlich mit den Worten Erzieherin und Kindergärtnerin? Was bedeutet für mich Erziehung?
Unabhängig von der Bezeichnung schätze ich die Arbeit dieser Menschen sehr und bringe es ihnen gegenüber auch zum Ausdruck. Denn immerhin verbringen sie mindestens die Hälfte des Tages mit meinen Kindern. Trösten sie, wenn sie mich vermissen oder hingefallen sind, bringen ihnen den Umgang mit anderen Kindern bei, spielen, lachen und schimpfen mit Ihnen und noch vieles mehr. Sie vermitteln Werte. Ich vertraue diesen Menschen meine Kinder an. Vertrauen und Wertschätzung.
Das sind zwei Schlüsselwörter, die Ihnen immer wieder in diesem Buch begegnen werden.
Aber was verbinde ich nun genau mit den Wörtern *Erzieherin* und *Kindergärtnerin*?

Erzieherin

Bei Erzieherin springt mich quasi direkt das „ziehen" an. Kinder werden in eine Richtung gezogen. Ziehen passiert immer unter Anstrengung und Kraftaufwand für beide Seiten. Und unter Gegenwehr, da es gegen die natürliche Richtung ist. Denn sonst müsste ich ja nicht ziehen. Diese Vorstellung erzeugt in mir ein ungutes Gefühl. Es baut sich ein direkter innerer Widerstand auf, denn ich möchte nicht, dass an mir herumgezogen wird. Es vermittelt mir das Gefühl, nicht richtig zu sein. So wie ich bin, bin ich nicht gut. Ich soll mich ändern.
Ich möchte mich festhalten und nicht gezogen werden. Gegenwehr und Abwehr ist meine gedankliche Reaktion.

Kindergärtnerin

Dabei fällt mir direkt ein Garten mit vielen Blumen, Pflanzen und Sonnenschein ein. Der Gärtner kümmert sich um seine Pflanzen, indem er sie gießt, umpflanzt, wenn sie gewachsen sind, besonders pflegt, wenn sie krank sind und auch mal eine Stütze anbindet, wenn die Pflanze wild wächst. Und die Pflanze macht nichts anderes als das, wozu sie da ist: Wachsen und den Gärtner erfreuen.

Mit diesen zwei Bildern im Kopf und Gefühlen im Bauch habe ich dann meine grundsätzliche Einstellung zum Thema Erziehung und deren Bedeutung für mich bewusst hinterfragt.

Denn diese unbewussten Einstellungen beeinflussen natürlich mein Handeln. Sie spiegeln sich in meinen Gedanken und meiner verbalen und nonverbalen Kommunikation. Ich bin also zu dem Schluss gekommen, dass ich meine Kinder nicht „erziehen“ möchte. Dieser Ausdruck passt nicht zu dem, was ich alles tue, und nicht zu meiner Einstellung gegenüber meinen Kindern. Ich lebe ihnen Werte und Regeln vor. Ich pflege sie, wenn sie krank sind. Ich gebe ihnen Liebe, Unterstützung und Halt. Ich versuche, ihre Neugier zu stillen, sie zum Lachen zu bringen und noch vieles mehr. All das ist so viel mehr als erziehen! Leider gibt es hierfür einfach keinen vollumfänglichen Begriff. Vielleicht läuft es einfach auf Folgendes hinaus:

Ich bin Mama. Ich bin Papa.

Gedanken zum Thema Erziehung von Gudrun

Nun bin ich gerade Großmutter geworden und schon sehr gespannt auf diese neue Lebensphase.
Das Thema Erziehung liegt bei mir schon lange zurück und so kann ich nur im Rückblick davon berichten.
Als wir uns entschlossen, Kinder zu bekommen, war mir schon klar, dass das eine anspruchsvolle Aufgabe sein wird, weil Kinder in erster Linie vom Vorbild ihrer Eltern lernen. Also wollte ich in Taten und Worten übereinstimmen und meinen Kindern vorleben, was ich mir für ihre Entwicklung wünschte.
Mir war es von Anfang an wichtig, dass sie glücklich, selbstständig und unabhängig werden, Liebe und Freude erfahren und schenken können, dass sie neugierig experimentieren und herausfinden, wie die Welt funktioniert. Damals war mir noch nicht klar, dass das mit der Erziehung zur Selbstständigkeit und Unabhängigkeit eine ganz schöne Herausforderung wird, denn Eltern zählen natürlich auch zu den Personen, von denen sich die Kinder unabhängig machen. Erziehung zum Gehorsam wäre sicherlich einfacher gewesen.
Manchmal habe ich sehr mit mir gerungen, und mich gefragt, ob es überhaupt möglich ist, diese Selbstständigkeit so konsequent zu fördern, denn Kinder verfügen natürlich noch nicht über den gleichen Erfahrungshorizont wie Erwachsene … Und selbstbewusste Kinder legen sich gerne mit ihren Eltern an.
Dennoch finde ich, es hat sich wirklich gelohnt, denn ich konnte mir schon bald sicher sein, dass meine Kinder sehr früh ein tiefes Verständnis für ihre Umwelt, für die Bedürfnisse von Menschen und Tieren und das Leben an sich entwickelt haben und dass ihnen Gerechtigkeit und Achtung alles Lebendigen ein Herzenswunsch ist.
Schon früh war mir klar, dass sie ihren Weg in der Welt finden werden. Dass sie all das flexibel und schnell lernen würden, was ihnen dabei hilft, sich in einer sich ständig ändernden Welt zurechtzufinden und dabei glücklich zu werden und gute Beziehungen zu pflegen.

Ich konnte meine Kinder immer auf Augenhöhe sehen. Auch als sie noch recht klein waren, war es meist sehr leicht für mich, ihre Wünsche und Bedürfnisse anzuerkennen und zu achten und sie einfach machen zu lassen und nur bei Gefahr einzugreifen.
Nun sind sie schon lange erwachsen und auch vor dem Gesetz ebenbürtige Partner, die selbstverantwortlich ihren eigenen Weg gehen.
Gleichzeitig fühle ich mich ihnen sehr verbunden. Meine Kinder gehören zu meinen Vertrauten, wir begleiten uns gegenseitig und jeder führt sein persönliches glückliches Leben auf seine eigene Art und Weise.
Der Rückblick auf das, was man „Erziehung" nennt, was aber eher „ungehindert wachsen lassen" heißen sollte, gibt mir also recht, ich habe mein Ziel erreicht. Ich hoffe, meine Kinder sehen das genauso. ☺

Schwer war für mich …

… Streitigkeiten zwischen den Geschwistern zu verstehen und zu regeln. Denn ich selbst bin ein Einzelkind und in meiner Familie gab es vorwiegend Einzelkinder, die solche Rivalitäten nie erlebt haben. Dafür hatte ich also selbst kein geeignetes Vorbild.

… zuzusehen, wie meine Kinder in der Schule auf eine reglementierte Welt stießen, die ihrem individuellen Wissensbedürfnis und ihrem Gerechtigkeitsempfinden nicht wirklich entsprach. Aber es gibt nun mal Schulpflicht – egal wie Eltern das Schulsystem finden.

Leicht war für mich …

… den Alltag mit meinen Kindern gemeinsam zu gestalten, mit ihnen die Natur zu genießen, gemeinsam zu kochen, zu töpfern, zu malen, im Sand zu buddeln, Experimente zu machen, Frösche und Molche zu fangen, den Bach zu erkunden, Mäuse vor unseren Katzen zu retten …

… Bücher vorzulesen, mit den Kindern philosophische Gespräche zu führen und das eigene Weltbild und die Perspektive anderer Menschen zu verstehen und zu hinterfragen …

… albern zu sein und mit den Kindern Blödsinn zu machen …

… meine Kinder zu lieben und auf ihre Fähigkeiten zu vertrauen …

Basiswissen für Eltern

Motivation

Dass Sie motiviert sind, sich mit Ihrer eigenen Einstellung zum Thema Erziehung zu beschäftigen, haben Sie bereits bewiesen, indem Sie dieses Buch gekauft haben und jetzt an dieser Stelle im Text angekommen sind. Sicher sind Sie motiviert, gute Eltern zu sein und sich in Krisensituationen nicht einfach zu ducken, sondern sich mit sich selbst, Ihren eigenen Erfahrungen und auch Ihren Entwicklungsfeldern auseinanderzusetzen. Denn eines ist gewiss: Kinder fordern unsere Persönlichkeitsentwicklung heraus, indem sie uns einen Spiegel vorhalten. Wenn Ihnen nicht gefällt, was Sie darin sehen, sollten Sie überdenken, inwiefern Sie dafür als Vorbild gedient haben und was Sie tun können, um ein Vorbild für das zu werden, was Sie sich wirklich wünschen.

Motivation – ein Gedankenkonstrukt

Motivation ist nur ein hypothetisches Konstrukt, eine gedankliche Annahme, d. h., dass Sie Motivation nicht direkt beobachten können. Ob jemand motiviert ist, können Sie nur nachträglich an seinen Handlungen ablesen und Sie können sich erklären lassen, wie es dazu kam und wie die betreffende Person es genau geschafft hat, sich zu motivieren.

Motivation hat immer eine Ursache, d. h., Sie möchten, dass sich eine Ausgangslage ändert. Und Motivation hat immer ein Ziel, d. h., Sie wissen, was Sie stattdessen möchten. Nehmen wir ein ganz einfaches Beispiel:

Ausgangslage: Sie haben Durst und möchten das ändern

Ziel: Sie möchten etwas trinken.
Hier haben Sie Handlungsspielraum. Vielleicht können Sie wählen, was genau Ihnen schmecken könnte und wo Sie das Getränk zu sich nehmen möchten – möchten Sie einfach zum nächsten Wasserhahn gehen und so

schnell wie möglich Ihren Durst stillen oder gehen Sie in ein Café und bestellen sich einen Cappuccino mit einem Glas Wasser, um beides in angenehmem Ambiente zu genießen?

Was ich damit sagen möchte ist, dass alles, was Sie tun oder auch lassen, durch das Konzept der Motivation erklärt werden kann. Egal ob es sich dabei um so etwas Einfaches handelt wie Durst stillen oder um ein Lebensziel, z. B. ein glückliches Leben zu führen.

Von-weg-Motivation (Flucht) und Hin-zu-Motivation (Ziel)

Aus der psychologischen Forschung weiß man, dass beide Arten der Motivation zu ähnlichen Leistungen führen. Es ist für das Ergebnis also egal, ob eine Person etwas tut, weil sie mögliche Konsequenzen und Misserfolg befürchtet, wenn sie nichts tut (Fluchtorientierung) oder ob sie etwas tut, weil sie ein bestimmtes Ziel erreichen möchte und Erfolg erhofft (Zielorientierung). Was sich jedoch bei den beiden Motivationsrichtungen erheblich unterscheidet, ist die Laune, die damit verbunden ist. Menschen, die fluchtorientiert sind, werden von Angst angetrieben – Menschen, die zielorientiert sind, werden von freudiger Erwartung angezogen. Ich empfinde gute Laune deutlich angenehmer als Angst. Ich nehme an, Sie auch. Deshalb sollten Sie sich selbst, Ihrem Partner und Ihren Kindern nicht Strafen androhen, wenn sie Ihren Wünschen zuwiderhandeln, sondern Sie sollten sie von Ihren Zielen überzeugen und sie locken, damit sie Lust darauf bekommen, Sie zu unterstützen.

Locken Sie zuerst sich selbst. Machen Sie sich z. B. klar, was genau Sie mit Ihrer Erziehung erreichen möchten. Was daran ist so attraktiv, dass Sie bereit dazu sind, auch Durststrecken zu überwinden, um Ihr verlockendes Ziel zu erreichen? Reisen Sie bereits jetzt gedanklich in diese erstrebenswerte Zukunft und nehmen Sie wahr, wie Sie sich fühlen, wie angenehm das Leben für alle ist, wenn diese Erziehung gelungen ist. Aus dieser Zukunft können Sie dann zurückblicken und darauf achten, was genau Sie getan haben, um alle Höhen und Tiefen zu überstehen und das Ziel zu erreichen. Was genau war wichtig? Wie haben Sie gut für sich selbst gesorgt, damit Sie in der Lage dazu waren, alles zu meistern – in Übereinstimmung mit sich selbst und mit allen Beteiligten. Kehren Sie mit diesen Informationen nun in diese Gegenwart, an diesen Ort und in diesen Moment zurück und nehmen Sie diese in sich auf. Fühlen Sie schon jetzt das attraktive Ergebnis. Das gibt Ihnen Orientierung und wird Sie stärken!

Gönnen Sie sich von Zeit zu Zeit derartige Zeitreisen, um zu überprüfen, wie gut die von Ihnen geplante Zukunft ist und was genau sie wirklich attraktiv macht – das ist die angenehmste Form der Motivation, die Sie sich gönnen können!

Solche Zeitreisen machen Kinder übrigens auch gerne. So lernen sie gleich, sich auf angenehme Weise für das zu motivieren, was wirklich verlockend ist – alles andere ist ohnehin fragwürdig, denn:

Ein Musiker muss musizieren,
ein Maler muss malen,
ein Dichter muss schreiben,
wenn er in Frieden mit sich leben will.
(Abraham Maslow)

Intrinsische Motivation und extrinsische Motivation

Intrinsisch sind Sie motiviert, wenn Sie etwas tun, weil Sie es gerne machen, die Tätigkeit an sich lieben und genießen.

Extrinsisch motiviert sind Sie, wenn Sie etwas tun, um damit etwas anderes zu erreichen, z. B. Geld verdienen, anerkannt und geliebt werden, berühmt sein …

Intrinsische Motivation ist stärker als extrinsische und macht glücklich!

Da jeder Mensch ein individuelles Wesen ist, können Eltern gar nicht genau wissen, was dem Naturell ihrer Kinder wirklich entspricht! Aus diesem Grund ist es für das Lebensglück der Kinder sicherlich günstiger, wenn sie experimentieren und sich ausprobieren dürfen, um selbst herauszufinden, wofür sie brennen.

Zudem ändert sich die Welt rasend schnell und Eltern können auch nicht wissen,

in welcher Welt ihre Kinder in 20 Jahren leben werden und was genau sie benötigen, um die Herausforderungen ihres Lebens zu meistern.
Am vielversprechendsten erscheint mir da, wenn Sie sich für Ihre Kinder Lebensglück, prinzipielle Lernbereitschaft, Offenheit für Neues und Selbstständigkeit wünschen – der Rest wird sich dann ergeben.

Überlegungen zu Erziehung mithilfe von Belohnung und Bestrafung.

Stellen Sie sich vor, Sie lieben es, Gemüse zu schnippeln, weil Sie sich dabei herrlich entspannen und zentrieren können. Nun kommt Ihre Mutter, die Kochen für einen wichtigen Bestandteil der Mutterrolle hält, und sagt Ihnen jedes Mal, wenn Sie Gemüse schnippeln, dass Sie das gut machen und Sie weitermachen sollen. Irgendwie hat dieses Lob einen faden Beigeschmack, denn Sie brauchen diese Bemerkung Ihrer Mutter nicht, um gerne zu schnippeln. Außerdem schnippeln Sie auch für sich selbst und Ihren guten Zustand und nicht, weil eine gute Mutter das so tut. Vielleicht kommt jetzt sogar so etwas wie Widerwille auf. Und plötzlich ist Gemüse schnippeln nicht mehr so attraktiv wie früher. Vielleicht lassen Sie es sogar ganz, weil in Ihrem Weltbild eine gute Mutter nicht durch Kochen definiert wird und Sie Ihrer Mutter schon lange mitteilen wollten, dass Sie das anders sehen.
Ihrem Kind ergeht es da genauso wie Ihnen. Möglicherweise zerstört Ihre gut gemeinte Belohnung seine intrinsische Motivation, weil es sein kann, dass Ihr Kind denkt: „Ich mach das nur, damit Mama/Papa mich lieb hat – nicht, weil ich das wirklich tun möchte." Und: „Ich möchte mal wissen, ob die mich auch lieb haben, wenn ich nicht mache, was sie möchten". Dadurch wird die Tätigkeit an sich weniger attraktiv.
Zudem wird Ihr Kind auf diese Weise nicht die Gelegenheit haben, sich bedingungslos geliebt zu fühlen, weil es nur für seine Tätigkeiten anerkannt wird, nicht für seine reine Existenz. Das kann zu psychischem Leid führten, wenn es das Kind nicht gewagt hat, sich zu widersetzen, und es dadurch nicht die Erfahrung macht, trotzdem geliebt zu werden.

Bestrafung fördert zusätzlich noch die Fluchtmotivation und das noch dazu mehr, als Ihnen lieb ist. Kinder lernen durch Bestrafung nicht unbedingt, ein unerwünschtes Verhalten zu unterlassen, sondern sie lernen, sich nicht dabei erwischen zu lassen.
Und was noch ungünstiger ist: Sie lernen an Ihrem Vorbild, dass sie, wenn sie erwachsen sind, Macht über andere ausüben dürfen, indem sie Sanktionen (Belohnungen und Strafen) verhängen, wenn die von ihnen abhängigen Personen nicht tun, was sie von ihnen erwarten.
Belohnung sowie Bestrafung sind also ein Ausdruck von Macht über andere und erziehen zu Machtspielchen, die Sie als Eltern spätestens in der Pubertät verlieren könnten.
Diese Überlegungen machen das Erziehen mit Belohnung und Bestrafung fragwürdig, denn beides macht abhängig von den Personen, die Lob und Tadel verteilen dürfen. Beachten Sie bitte, dass es einem kleinen Kind noch nicht möglich ist, sich selbst zu versorgen – es ist vom Wohlwollen seiner Eltern abhängig und muss den Tod fürchten, wenn es sich den Wünschen der Eltern widersetzt. Das klingt vielleicht recht drastisch, aber Zeitungsberichte, die über Kindesmisshandlungen berichten, zeigen, dass es selbst zum Äußersten kommt, wenn Eltern überfordert sind. Kinder reagieren aber innerlich auf viel feinere Signale. Sie spüren, was ihre Eltern stresst. Um ihr eigenes Überleben zu sichern, fügen sie sich vielleicht in zuvorkommendem Gehorsam und verzichten damit darauf, sich selbst auszuprobieren. Das wiederum bedeutet einen Verzicht auf Lebensglück.
Natürlich gibt es Dinge auf der Welt, die keine Begeisterung auslösen und dennoch getan werden müssen. Intrinsische Motivation ist dann auf Anhieb schwierig zu erreichen. In diesem Fall ist es günstig, wenn Sie selbst erkennen können bzw. Ihr Kind erkennen kann, dass die zunächst unattraktive Tätigkeit ein Weg zu einem attraktiven Ziel ist. Was wirklich attraktiv ist, muss wieder jeder Mensch selbst entscheiden – das können andere (auch Eltern) nicht für diesen Menschen erledigen.
Also lassen Sie die Finger von zu viel zielgerichtetem, absichtlichem Lob und Tadel – das erkennen Kinder zu Recht als Manipulationsversuche. Vertrauen Sie stattdessen darauf, dass Ihre Kinder schon ihren eigenen Weg in dieser Welt finden werden!

Wie genau Sie menschenfreundlich und wirksam kritisieren und loben können, ohne die beschriebenen unerwünschten Nebenwirkungen zu riskieren, erfahren Sie in einem gesonderten Kapitel.

Selbstverständlich dürfen Sie sich jederzeit ehrlich mit Ihren Kindern freuen, wenn diese stolz sind, weil ihnen ein Vorhaben gut gelungen ist – das ist ein Ausdruck von Liebe und Mitgefühl und tut Ihren Kindern in ihrer Entwicklung gut! Wenn Sie das, was Ihre Kinder tun, gut finden, ist das natürlich auch ein Anlass, es ihnen mitzuteilen – sicher freuen sich die Kinder dann auch mit Ihnen.

… Und Sie dürfen Ihre Kinder natürlich für Misserfolge trösten – auch das ist ein Ausdruck von Liebe und Mitgefühl und tut der Seele gut! ☺

… Ebenso dürfen Sie Ihren Kindern auch mitteilen, was Sie sich von ihnen wünschen und warum Sie das für wichtig halten. Dann dürfen Sie Ihren Kindern genau dieses Verhalten geduldig vorleben und warten, bis das gute Vorbild Früchte trägt.

Unabhängig davon dürfen Sie Ihren Kindern – egal ob sie sich aus Ihrer Sicht angemessen verhalten – jeden Tag mitteilen, dass Sie sie von Herzen lieben und ihnen ein glückliches Leben wünschen!

… Und sie dürfen Ihrem Partner/Ihrer Partnerin mitteilen, was Sie sich von ihm/ihr wünschen und was Sie an ihm/ihr schätzen. Dann hat Ihr Partner/Ihre Partnerin wahrscheinlich deutlich mehr Lust, Sie zu unterstützen, als wenn Sie ihm/ihr Vorwürfe machen.

… Und freuen Sie sich vor allem über Ihre eigenen Erfolge, das aktiviert Ihr Belohnungssystem und macht es Ihnen leicht, das günstige Verhalten, das zum Erfolg geführt hat, zu wiederholen. Seien Sie gnädig mit sich selbst, verzeihen Sie sich, wenn Ihr Vorhaben einmal nicht so gut gelungen ist – dann wird es leicht, alternative Verhaltensweisen zu entwickeln, anstatt sich aufs Problem zu fokussieren. Das macht Sie zu einem guten Vorbild! Nur darauf kommt es wirklich an!

Auch Mamas sind mal „wütich!“ Wie gehe ich als Elternteil mit meiner Wut um?

Auch Eltern werden wütend. Ja, wirklich! Sie glauben mir (Kirsten) nicht? Kleiner Scherz am Rande. Jeder wird mal wütend. Kinder können einen an den Rand des Wahnsinns treiben und dann mit einem kleinen Grinsen über die Klippe stürzen lassen. Die Kunst ist für mich, authentisch zu sein, wenn ich wütend bin und nicht so zu tun als wäre alles okay und auch nicht in das Extrem von Gewalt zu verfallen. Auch in Ihrem Umgang mit Ihrer Wut sind Sie ein Beispiel für Ihre Kinder und deren Umgang mit ihrer eigenen Wut. Manchmal ist es schon ziemlich hart. Wut kann so ein intensives und hilflos machendes Gefühl sein. Und dann noch Vorbild sein? So ist nun mal der Job. Aber dafür haben wir ja das Wellnesscenter am Anfang des Buches. Kehren Sie ruhig immer wieder dorthin zurück oder erinnern Sie sich daran. Es hilft!

Also, was machen Sie nun mit Ihrer Wut oder Frustration?

Erst einmal ist jedes Gefühl okay. Auch Wut! Sie dürfen wütend sein. Sie dürfen auch frustriert sein. Entscheidend ist, wie Sie damit umgehen. Hierbei spielt auch Resilienz eine Rolle, die weiter hinten im Buch thematisiert wird.

Und weinen ist ebenfalls okay. Wenn Sie traurig sind, dürfen Sie weinen und ich finde, Kinder dürfen auch sehen, wenn Eltern wütend oder traurig sind und dabei weinen. „Ich bin traurig, daher weine ich. Danach geht es mir besser. Dir geht es auch manchmal so. Stimmt's?“ Mit diesen Sätzen können Sie Ihrem Kind einfach erklären, was Sie fühlen und Ihr Kind wird Sie verstehen. Auch wenn Sie wütend sind, funktioniert das. „Ich bin grad so wütend, dass ich einen Moment brauche, um mich zu beruhigen.“ Vielleicht macht Ihr Kind Ihnen ja sogar den Vorschlag, ein Kissen mit voller Kraft auf das Bett zu werfen. Weil ihm das hilft. Gehen Sie zum Sport, wenn Sie die Möglichkeit haben. Transparenz ist ein gutes Mittel. Denn es geht Ihnen nicht besser, wenn Sie versuchen die Emotionen vor Ihren Kindern zu verstecken. Kinder bekommen die Gefühle ohnehin mit. Teilen Sie Ihren Kindern also mit, wenn Sie eine Pause brauchen. Dass Sie erst eine Tasse Kaffee trinken wollen, dass Sie erst etwas essen müssen oder einfach, dass Sie einige Minuten Ruhe brauchen, bevor es weitergehen kann. Das verstehen oft auch schon kleine Kinder. Sie spüren, dass

ihre Mama oder ihr Papa einen Moment brauchen. Kommunikation und Transparenz helfen.
Wenn die Wut oder Frustration so groß sind, dass das im Moment nicht reicht, dann heißt es: Kinder sicher unterbringen und in einem anderen Zimmer ins Kissen schreien, auf das Kissen hauen, es an die Wand werfen ..., bis es Ihnen besser geht. Lassen Sie Ihre Wut nie körperlich oder emotional an Ihren Kindern aus! Kinder haben ein gesetzlich verankertes Recht auf gewaltfreie Erziehung.
Das war der erste Teil für die Akutphase. Jetzt geht es darum zu schauen, was Sie so wütend gemacht hat. Als mein Ältester noch ganz klein war, hat er mich wirklich wütend und verzweifelt machen können, weil ich manchmal nicht verstanden habe, was sein Verhalten sollte. Ich habe keinen Sinn darin gesehen. Es war für mich wirklich schlimm. Bis ich verstanden hatte, was das alles sollte. Ab dem Zeitpunkt war das jeweilige Thema für mich durch. Ich hatte nun das Hintergrundwissen, um ihn zu verstehen und es hat mich ab da auch nicht mehr gestört. Ich fand das dann sogar recht witzig. Jedes Mal, wenn mir etwas furchtbar auf die Nerven ging, habe ich mich zu dem Thema schlau gemacht und ab da war alles gut. Ich konnte dann sogar dabei mitmachen, wie z. B. beim ständigen „Löffel-Runterwerfen". Es hat mich wahnsinnig gemacht! Ständig musste ich den Löffel aufheben. Ich kam mir wie ein Sklave vor. Bis ich dann verstanden hatte, dass er damit mehrere Dinge lernt. Fällt der Löffel wirklich immer auf den Boden und macht so ein Geräusch? Macht eine Gabel das auch? Toll, was **ich** schon kann! Ich habe es also als erste physikalische Experimente bei mir eingeordnet und die Welt war für uns beide in Ordnung.
Wenn uns etwas wütend macht, hat es auch immer etwas mit uns selbst zu tun. Was ist das also. Fühlen wir uns missverstanden? Fühlen wir uns hilflos? Fühlen wir uns machtlos, weil die Kinder schon wieder nicht das machen, was Sie schon zehnmal gesagt haben? Was macht uns also wütend, was frustriert uns? Der nächste Schritt ist dann, eine Lösung zu finden. Uns kompetent zu machen. Uns Rat und/oder Hilfe zu holen. Manchmal einfach auch nur einen Mädels-/Jungs-Abend zu machen. Hilfreich ist auch, dass Sie Fragen wie die folgenden stellen:
Was hilft mir?
Brauche ich Informationen?
Möchte ich mich austauschen?

Brauche ich eine Pause um mich auch mal um mich zu kümmern?
Fehlen mir Ideen, in Situationen anders zu handeln?
Brauche ich Verständnis?

...

Dann lesen Sie ruhig weiter. ☺

Sorgen Sie also für sich, nehmen Sie sich eine Pause. Ja, das ist leichter gesagt als getan. Und wenn es nur eine Auszeit in „unserem Wellnesscenter" ist. Aber Sie schaffen das! Sprechen Sie mit jemanden, der Ihnen Verständnis entgegenbringen kann. Besorgen Sie sich Informationen. Wissen ist Macht.

Das Wellnesscenter

Unter diesem Link bzw. QR Code können Sie sich eine Trance zur Entspannung als Audiodatei herunterladen:

https://www.nlp-impulse.com/dl/wellness.mp3

Ich (Kirsten) möchte, dass es Ihnen gut geht! Daher habe ich mir Gedanken darüber gemacht, wie ich Ihnen Methoden vermitteln kann, die Sie dazu befähigen für sich selbst etwas Gutes zu tun, wenn Sie es brauchen. Unabhängig davon, ob um Sie herum gerade der Hurrikan „Familie", der Sturm „Alltag" oder „nur" der ganze normal Wahnsinn herrscht. Und genau hierbei fängt es schon an.

Wenn um Sie der normale Wahnsinn *herrscht,* sind es nicht Sie selbst, die die Kontrolle hat. Holen Sie sich die Kontrolle also erst einmal zurück, indem Sie nur ein Wort austauschen. Statt dass Sie den Wahnsinn um Sie herum *herrschen* lassen. Lassen Sie ihn einfach *sein*! Es *ist* der normale Wahnsinn. Alles, was einfach nur ist, können Sie verändern.

Dieses Wellnesscenter soll Sie also dazu befähigen, sich zum einen in einen besseren Zustand zu bringen und zum anderen dafür sorgen, dass Sie aus ungünstigen Verhaltensmustern herauskommen, damit aus dem normalen Wahnsinn der normale Alltag wird.

Sie kennen das: Sie sind gereizt und gestresst und dann quasselt das Kind unablässig auf dem Weg vom Kindergarten nach Hause. Dann rennt es auch noch mit den dreckigen Schuhen durch die Wohnung, was das Fass endgültig zum Überlaufen bringt. Obwohl keines der Dinge wirklich schlimm ist und es keinen Grund gibt, das Kind anzuschreien oder auszuschimpfen. Trotzdem ist gerade alles zu viel. Solche Momente gibt es. Doch genau hier setzt das Wellnesscenter an. Wenn Sie merken, dass Sie gereizt sind, dünnhäutig, gestresst oder müde nach einer halb durchwachten Nacht sind, kümmern Sie sich um sich selbst, bevor eine Situation vermeidbarerweise eskaliert. Stress lässt niemanden besonders gut denken. Ändern Sie also erst Ihren Zustand und denken Sie dann nach.

Das kann die Kaffeepause sein, das Stück Schokolade oder etwas anderes, was Ihnen guttut. Das ist eine Möglichkeit. Die andere Option ist unabhängig von äußeren Faktoren. Etwas, das Sie jederzeit unter allen Umständen für sich tun können: Bringen Sie sich mithilfe Ihrer Gedanken in einen besseren Zustand! Und zwar nicht nur für 1,25 Sekunden an die guten alten Zeiten denken und mit einem Seufzer weitermachen. Nein, Sie sollen sich wirklich besser und gestärkt fühlen!

Ein ungünstiges Verhaltensmuster könnte z. B. so aussehen:

Sie kommen von der Arbeit, haben schon eingekauft und sind eben mit den Kindern zu Hause angekommen. Da Sie etwas zu spät von der Arbeit losgekommen sind und gefühlt alle Ampeln rot waren oder Sie die erste Straßenbahn verpasst haben, sind Sie gestresst. Die Gefriersachen müssen schnell eingeräumt werden und die Kinder sollen sich die Schuhe ausziehen (lassen),

die Jacken hinhängen und sich gründlich die Hände waschen. Was auch heute nicht passiert. Die Kleine rennt mit Dreckschuhen ins Wohnzimmer und der Große meint, die Fingerspitzen unter das Wasser zu halten, wäre gründliches Händewaschen. Wobei Sie vor lauter Erde die Handflächen kaum erkennen können. Jetzt reicht es! Mama ist wütich und explodiert!!!
Beispiele dieser Art gibt es unendlich viele. Sicher fallen Ihnen einige ein. Die können Sie gut für die Checkliste am Ende des Buches gebrauchen.
Keine dieser einzelnen Dinge würde normalerweise dafür sorgen, dass Sie wütich sind und explodieren. Zusammen allerdings …
Hier also der…

Drei-Stufen-Plan für einen besseren Zustand

1. Wie

Nehmen Sie sich einen Moment Zeit. In welcher Situation waren Sie schon einmal ganz entspannt, ruhig.
Wählen Sie ein gutes Beispiel aus und versetzen Sie sich in die angenehme Situation, als wäre sie jetzt!

Wie fühlt es sich an?

Warm – kalt – fließend – still – langsam – schnell …

Wo genau spüren Sie das Gefühl?

Kopf – Bauch - ganzer Körper – Brust …

Welche Farbe gehört dazu?

Durchschimmernd – kräftig – hell – dunkel …

Welche Geräusche sind dabei?

Laut – leise - weit weg – nah …

Welcher Geruch gehört dazu?

Dezent – kräftig …

Welcher Geschmack gehört dazu?

Schwach – intensiv – würzig – süß …

Wenn Sie nun herausgefunden haben, wie sich das gewünschte Gefühl, dieser gute Zustand anfühlt, aussieht, sich anhört, riecht und schmeckt, nehmen Sie dies genau wahr! Es muss nicht alles dabei sein. Das Gefühl aber schon!

Genießen Sie es! Gönnen Sie es sich! Behalten Sie es!

2. Wann

Hier ist Gefühl gefragt! Fühlen Sie in sich rein und spüren Sie, wann Sie die ersten Anzeichen von Stress bei sich wahrnehmen. Je genauer Sie hinfühlen/hinspüren, desto eher können Sie das negative Muster unterbrechen und sich wieder in einen guten Zustand bringen. Die Anzeichen können ganz unterschiedlich sein. Mal ist es ein Kopfschmerz, ein Zwicken im Bauch, das Gefühl, auf einmal der Zeit hinterherzulaufen, es wird auf einmal warm im Körper etc.
Nehmen Sie sich die Zeit, die Sie brauchen, um ein frühes Anzeichen für einen negativen Zustand zu finden, damit Sie früh etwas für sich tun können. Jetzt wissen Sie, an welchem Punkt Sie ansetzen können. Sobald Sie „Ihr Anzeichen“ herausgefunden haben, können Sie nun in Situationen, in denen Sie sich nicht gut fühlen, einen kleinen Abstecher in Ihr persönliches Wellnesscenter machen!
Und wenn Sie jetzt denken, dass Sie hierfür im Alltag keine Zeit oder keinen Platz haben, dann überlegen Sie mal Folgendes: Was hat mehr Sinn für einen guten Tag für alle Beteiligten: Wenn Sie noch fünf Minuten im Auto sitzen bleiben, Ihrem Wellnesscenter einen Besuch abstatten und dann erst die Kinder in einem guten Zustand abholen oder wenn Sie gestresst und mit den Gedanken schon zwei Schritte weiter die Kinder abholen? (Die kleinen Lorbasse und Marjellchen merken den Unterschied sofort. Dieser Ausdruck der alten Ostpreußen passt manchmal so perfekt zu den Kleinen. ☺)

3. Wer

Das gilt übrigens nicht nur für Erwachsene. Auch Kinder können so ihren Gefühlszustand verändern. Bei recht kleinen Kindern können Sie dies z. B.

durch eine kleine entspannende Geschichte machen. Erinnern Sie Ihr Kind daran, wie es war, als es entspannt war, sich gut gefühlt hat, Spaß hatte und holen Sie dieses Gefühl in die Gegenwart.

Welche Folgen hat das?
Sie fühlen sich besser! Wenn das nicht schon der Jackpot ist? ☺
Zudem gibt es weniger stressbedingte Konflikte, da Sie sich erst in einen guten Zustand bringen, bevor Sie reagieren. Das sorgt für Entschleunigung in einer Situation. Sie können bessere Entscheidungen treffen und haben später kein schlechtes Gewissen, weil Sie übertrieben reagiert haben und dadurch die Stimmung in der Familie erst einmal mies ist.
Die Folge ist also, dass Sie sich gut fühlen und die Stimmung in der Familie gut ist. Und damit lässt sich wunderbar arbeiten!

„Regelvermittlung" funktioniert nur dann, wenn es beiden gut geht

So lautet ein wertvoller Tipp, den ich von meiner Kollegin Gudrun bekommen habe. Im Endeffekt ist es ein grundlegender Bestandteil des Umgangs mit Kindern. Jeder Elternteil kennt durchwachte Nächte. Kaum geschlafen, aber die Pflichten des Alltags warten nicht, bis der Schlaf nachgeholt ist, und die Kinder warten auch nicht. Die Laune und Belastbarkeit sind gleich null. Papa und Mama sind dann einfach nur k. o. Der Nachwuchs ist auch unausgeschlafen und will vermutlich nicht so wie die Eltern. Aus der Traum von zügig und problemlos für den Kindergarten oder die Schule fertig machen. Damit zumindest das funktioniert. An so einem Morgen können Sie es sich sparen zu sagen, dass „nicht getrödelt werden soll", dass im Kindergarten Zeit zum Spielen ist und nicht jetzt nur in Unterwäsche das Gebäude gebaut werden muss, dass im Kakao keine Blasen geblubbert werden sollen und der Frühstücksjoghurt auch nicht auf die Hose der Mama gehört, die gleich zur Arbeit muss! Und dann bitte noch am Tisch sitzen bleiben und beim Gähnen bitte die Hand vor den Mund. Mama kann kaum die Augen aufhalten und bemüht sich redlich, ihren Kindern gutes Benehmen

beizubringen. Die sind allerdings auch völlig müde und wollen komischerweise ausgerechnet heute überhaupt nicht hören. Warum immer genau an solchen Tagen? Da hilft wohl nur, noch schneller werden? Oder eher lauter? Oder vielleicht noch häufiger den Namen rufen?
Nach meiner Erfahrung hilft alles nichts. Das Beste an so einem Tag ist es, möglichst ohne auf das Einhalten der Regeln, soweit möglich, in den Tag zu starten. Irgendwie bekomme ich die Kinder schon angezogen, das Frühstück für den Kindergarten wird auch eingepackt und dann raus. Ob die Haare heute perfekt gekämmt sind oder das T-Shirt verkehrt herum angezogen ist, ist nicht entscheidend. Die Erzieher im Kindergarten können auch das T-Shirt richten. Auch ob ich mit dem Baby zum Schwimmkurs gehe oder nicht, spielt keine Rolle. In dem Fall würde ich mich auf jeden Fall noch einmal mit dem Baby schlafen legen. (Heute weiß ich das und kann es hier schreiben. Früher hätte ich es nicht gemacht, da das Schwimmen dem Kleinen doch so viel Spaß macht. Und dass die Mama vor lauter Gähnen ihren Einsatz beim Begrüßungslied verpasst, fällt auch kaum auf.)
An solchen Tagen gilt also das Motto: Überleben ist alles!
Dies gilt auch an Tagen, an denen Sie krank sind. Wenn Sie kaum die Energie haben, sich mit 39 Grad Fieber einen Tee zu kochen, wie sollen Sie dann noch erfolgreich Ihren Kindern Regeln beibringen? Ebenso bei kranken Kindern. Ansonsten haben Sie nicht nur keinen Erfolg mit Ihren Bemühungen, sondern Sie sind auch noch gestresst, es gibt Konflikte und den Kindern geht es ebenfalls so. Verlierer auf allen Seiten.
Daher die folgerichtige Entscheidung: „Regelvermittlung“ funktioniert nur dann, wenn es beiden gut geht.

Empathie

Empathie ist die Fähigkeit, sich in andere hineinzufühlen. Diese Fähigkeit ist unerlässlich im Zusammenleben mit anderen Menschen, kann allerdings im Umgang mit Kindern die Welt retten! Sowohl die des Kindes als auch die Nerven der Eltern. Und das gilt nicht nur, wenn Sie gerade einen kleinen

Trotzphase-Experten zu Hause haben. Schon Shakespeare wusste, dass mit Liebe und einem mitfühlenden Herz selbst der Widerspenstigen Zähmung möglich ist.
Das ist auch ein wichtiger Unterschied. Nicht Mitleid, sondern mitfühlen ist das Zauberwort. Ich könnte mit meinem Zweijährigen ewig diskutieren und ihm sagen, dass sein Kinderwerkzeug inklusive Kinderkettensäge heute nicht mit in den Kindergarten gebracht werden kann. „Heute ist kein Spielzeugtag, dein Werkzeug bleibt hier." Das Ergebnis ist ein schreiender kleiner Nachwuchshandwerker, der sich an seine Sachen klammert, dem die Tränen vor Wut über die Wangen laufen und der so laut „DOOOCH!!!!!" brüllt, dass der Kindergarten schon Bescheid weiß, bevor wir überhaupt angekommen sind. Diskutieren, erklären und auf Regeln hinweisen, hat eine Erfolgsquote unter null. Mit Empathie kann ich mich aber meinem Gegenüber nähern. Und zwar auf emotionaler Ebene und nicht auf Sachebene. Wenn ich meinem Kleinen versichere, dass ich weiß, wie sehr er sein Werkzeug mag und ich ihn verstehen kann, ich nachfühlen kann, dass er Dinge, die er mag, bei sich haben möchte, haben wir eine Verbindung. Und ich kann ihm sagen, dass die Dinge auf ihn warten, bis er wieder zu Hause ist. Zudem können wir darüber reden, dass gerade das „Böcklein" wieder da war und er zwar noch kein großer, doch schon ein kleiner Junge ist und kein trotziges Baby mehr. Deshalb darf das „Böcklein" auch zu einem anderen Kind gehen. Er ist doch schon groß. Einige Tränen werden vermutlich dennoch fließen. Die lassen sich aber schnell wieder trocknen. Ein mitfühlendes Herz kann zwar an den Rahmenbedingungen einer Situation nichts ändern, die Art und Weise, wie die Situation wahrgenommen und etwas gelöst wird, schon. Als Erwachsene erscheinen die Probleme und Sorgen von kleinen Kindern manchmal so klein und unwichtig. Für uns Erwachsene ja, aber nicht für die Kinder. Es ist ihre Welt, es sind ihre Sorgen, Ängste, Schmerzen und Wünsche, die für sie wichtig sind. Und wenn Sie nicht darüber hinweggehen und es als unwichtig abtun, sondern sich eine Minute Zeit nehmen, um auf Ihr Kind einzugehen, zu fühlen und damit zu verstehen, was hinter einem „Ich will …" oder einem Weinen steht, ist die Lösung manchmal nur der Zettel in der Hand, damit das Kind zufrieden im Einkaufswagen sitzen bleibt. Oder die Brettchen, die zum Abendbrottisch getragen werden oder das

selbst eingeschenkte Glas Wasser oder das selbst in die Rührschüssel geschüttete Backpulver oder das selbst „gesaugte“ Zimmer oder der Staublappen in der Hand oder … Das lässt sich unendlich weiterführen.

Klare Botschaften vermitteln

Wenn Sie selbst nicht wissen, was Sie wollen, wie sollen sich dann andere daran halten? Das ist unmöglich. Das gilt ebenso für unklare Formulierungen. Da hilft nur eins: Klare Botschaften vermitteln.
Das heißt für Sie, zuerst zu überlegen, was Sie letztendlich wollen, bevor Sie etwas sagen. Erst dann können Sie eine klare Botschaft vermitteln.
„Jetzt räumen wir gemeinsam das Spielzeug vom Boden in die Kiste.“ (Statt: „Räum dein Zimmer auf.“)
„Nimm den Finger aus der Nase.“ (Statt: „Hör auf damit.“)
„Hör sofort auf, deine Schwester zu hauen.“ (Statt: „Lass sie in Ruhe.“)
„Du bleibst jetzt auf deinem Stuhl sitzen und isst mit deiner Gabel weiter.“ (Statt: „Iss ordentlich.“) Kinder können da sehr erfinderisch werden und auf einen anderen Stuhl klettern, die Gabel der Geschwister oder Eltern nehmen wollen … Zudem ist es auch wichtig, das Alter der Kinder zu beachten, da hiervon abhängt, wie lange ein Kind überhaupt sitzen bleiben kann!
„Du hast eben sehr lieb deinem Bruder sein Spielzeug gegeben. Das hast du gut gemacht.“ (Statt: Nichts zu sagen. Loben!)
Und auch der Klang einer Stimme kann so viel mehr Informationen enthalten als der Inhalt. Es kann für Klarheit oder Verwirrung sorgen. Stimmen Inhalt und Klang überein, ist alles klar. Sollten aber die Information des Gesagten und der Klang der Stimme nicht zusammenpassen, erzeugt es Verwirrung beim Gegenüber. Daher kommen Sie mit ironischen Bemerkungen bei Kindern nicht weit. Sie verstehen noch nicht. „Schön, dass du wieder mit deinen Schokoladenhänden das Sofa vollgeschmiert hast“ bringt also nichts. Überlegen Sie sich daher, was Sie wirklich wollen und formulieren Sie es, damit Ihre Botschaft auch ankommt.

Struktur gibt Halt

Stellen Sie sich vor, Sie müssten von jetzt auf gleich allein in Großbritannien oder einem anderen Land mit Linksverkehr Auto fahren, und das, ohne die Regeln zu kennen. Der Gedanke macht Ihnen Angst? Ja, mir auch. Entweder fahre ich super langsam, bin unsicher und störe damit die anderen Verkehrsteilnehmer, die sich damit gut auskennen oder ich fahre einfach darauf los und verhalte mich wie ein rücksichtsloser Raser und verärgere die anderen. Je nach Charakter verhalte ich mich eher rücksichtslos oder unsicher. Die Unsicherheit und Angst lassen uns so handeln, da wir keine Regeln kennen, an die wir uns halten können. Regeln geben uns einen Rahmen, eine Struktur. Und Strukturen geben uns Halt. Sobald wir die Regeln kennen, können wir uns nahtlos im Linksverkehr einfügen. Wir fühlen uns nach einer Lernphase sicher.
Genauso verhält es sich für unsere Kinder in dieser Welt. Sie wissen nicht, welche Regeln es gibt. Und vor allem nicht, wie viele! Sie müssen erst Stück für Stück lernen und sich zurechtfinden. Unsere Aufgabe als Eltern ist es hier, unseren Kindern eine Struktur zu geben und auch vorzuleben, an der sie sich orientieren können. In der sie sich sicher fühlen und einen geschützten Rahmen haben, um zu experimentieren, zu lernen und fit fürs Leben zu werden.

Wenn etwas nicht funktioniert, tu etwas anderes

„Julian, es ist Zeit fürs Bett."
... 30 Sekunden später: „Julian, es ist Zeit fürs Bett!"
... Ein weiterer Moment vergeht: „Julian, es ist Zeit fürs Bett!!"
Und was passiert? Der Schlafanzug ist noch immer nicht komplett angezogen und der Nachwuchs sitzt zufrieden neben seinem Lego und baut. Ich gehe jetzt vermutlich nur ein geringes Risiko ein, wenn ich die Behauptung aufstelle, dass es solche und ähnliche Situationen täglich millionenfach in Deutschland gibt.
Als Eltern sagen oder machen wir ständig das Gleiche. Reden uns den Mund fusselig. Und was passiert? NIX! Das ist äußerst frustrierend und fördert nicht eben die gute Stimmung in der Familie. Aber was können Sie nur tun? Immer weiter? Nein.

Wenn etwas nicht funktioniert, hören Sie damit auf und versuchen Sie etwas anderes. Wenn Ihr Wagen nicht startet, sitzen Sie auch nicht ewig da und drehen immer wieder den Zündschlüssel. Einige Male können Sie es probieren, aber dann müssen Sie sich etwas einfallen lassen.
Zurück zum spielenden Julian: Versuchen Sie einmal, die Umweltbedingungen zu verändern, z. B. die Helligkeit reduzieren, es ist schließlich Abend. Das Ziel klar formulieren. (Im Kapitel S.M.A.R.T. finden Sie hierzu Informationen.) Oder die Aufmerksamkeit der Kleinen durch eine völlig unerwartete Aktion erlangen. „Julian, zieh jetzt deinen Schlafanzug weiter an und geh ins Bett. Dann haben wir noch Zeit zum Vorlesen." Und das sagen Sie ihm, nachdem Sie zu ihm gegangen sind, die Nachttischlampe angeschaltet und das Deckenlicht ausgemacht haben und sich neben ihn gekniet haben. (Hierzu finden Sie eine Checkliste im Anhang, mit der Sie ganz in Ruhe Situationen neu gestalten können, damit Sie diese für den nächsten Realitätscheck in Ihrem Repertoire haben.)

Jedem Verhalten liegt eine positive Absicht zugrunde

Jedes Handeln basiert auf diesem Prinzip. Sie glauben mir nicht, wenn Sie daran denken, wie das Legobauwerk eines anderen Kindes zerstört wird oder die hellen Küchenschränke mit Wachsmalern „verschönert" worden sind. Wenn wir etwas Gebasteltes geschenkt bekommen, verstehen wir die Absicht. Es soll uns Freude machen. Aber bei den anderen Beispielen?
Nehmen Sie sich einen Moment und Sie verstehen es.
Vielleicht denkt Ihr Kind: „Wenn die Mama das große Legobauwerk sieht, freut sie sich und lobt meinen Bruder. Dann kann sie mein Gebäude nicht mehr toll finden. Also mache ich das Gebäude von meinem Bruder kaputt." Oder: „Es bleiben keine Steine mehr für mich. Wenn ich das Gebäude kaputt mache, habe ich auch wieder Steine zum Bauen."
„Mama freut sich immer, wenn ich bunte Bilder male. Ich kann Mama sicher eine Freude machen, wenn ich die Schänke auch bunt mache." Oder: „Aber ich male einfach so gerne und das klappt super auf den großen Schranktüren. Da habe ich mehr Platz." Wie Sie sehen, hatte jede Handlung für den Handelnden eine

positive Absicht. Dass das nicht unbedingt immer auch für die Umwelt positive Auswirkungen hat, müssen Kinder erst lernen. Sie können die Konsequenzen ihres Handelns noch nicht so weit überblicken. Oder denken einfach nicht daran. Da hilft nur ruhig bleiben und dieses Buch weiterlesen.

Jedes Verhalten ergibt für die handelnde Person Sinn

Manchmal können wir über das Verhalten anderer nur den Kopf schütteln. Es hat für uns keinen Sinn oder wir empfinden es als absurd, unpassend oder auch unerwünscht, wenn der Zweijährige seinen großen Bruder mit dem Bosch-Kinderhammer „klopft“, weil er ihn geärgert hat. Oder wenn am Morgen das Papier einer leeren Tafel Schokolade auf dem Nachtschränkchen liegt und das Mädchen auf die Frage der Mutter, warum die Verpackung da liegt, antwortet, dass in der Nacht schlechte Zeiten waren. Das Mädchen hatte die geschenkte Schokolade für schlechte Zeiten an die Seite legen sollen. Das müssen wirklich sehr schlechte Zeiten gewesen sein, dass eine etwa Sechsjährige in der Nacht eine ganze Tafel Schokolade verputzt. Aber es hatte absolut Sinn. Für das Mädchen. (Dieses Mädchen war übrigens ich, Kirsten, und meine Eltern finden die Geschichte noch heute lustig.)
Was ich sagen möchte: Für denjenigen, der handelt, hat sein Handeln Sinn. Auch wenn es für andere auf den ersten Blick nicht so erscheint. Nehmen Sie sich die Zeit, um den Sinn im Handeln zu verstehen.

Jedes Verhalten ist in irgendeinem Kontext nützlich

Wer kennt das nicht, die lieben Kleinen verhalten sich wieder einmal völlig unpassend. Rennen durch den Supermarkt und tun so, als wenn es gälte, ein Wettrennen zu gewinnen, oder ähnliche Situationen. So etwas ist für uns Eltern immer unangenehm und anstrengend. Und es ist für das Einkaufen nicht nützlich, für keinen wird es ein gutes Erlebnis. Bevor jetzt der Adrenalinspiegel schon beim Lesen steigt, weil Sie sich an solche Situationen mit Ihren Kindern erinnern: Halt. Stopp.

Wir machen jetzt ein Gedankenspiel: Wie wäre es, wenn wir das Verhalten der Kinder und den Kontext, also die Umgebung, in der sie etwas tun, voneinander trennen? Wir haben hier die Situation Einkaufen im Supermarkt. Und wir haben Fangen spielende Kinder. Beides ist getrennt voneinander gut. Also suchen wir doch jetzt einen nützlichen Kontext für das Verhalten *Fangen spielen*: Das wären der Garten, der Park, der Kindergarten etc. Das passt gut zusammen und zaubert uns sogar ein Lächeln ins Gesicht. Nun kommt ein nützliches Verhalten für die Kinder im Kontext Supermarkt. Einkaufen liegt da nahe. Also geben Sie Ihren Kindern je nach Fähigkeiten Aufträge für den Einkauf.

Es gibt also für jedes Verhalten einen passenden Kontext und für jeden Kontext das passende Verhalten. Wir müssen nur dafür sorgen, dass beides zusammenpasst. Und damit Sie noch mehr lächeln können, haben Sie jetzt die Möglichkeit mehr solcher Situationen mit nützlichem Verhalten neu zu gestalten und einen passenden Kontext für Verhaltensweisen zu finden.

Beispielsituation:

Ausgangssituation	
Verhalten ...	**... im Kontext (Situation)**
Fangen spielen …	… im Supermarkt
Lösungen finden	
Schritt 1	
Altes Verhalten ...	**... im neuen Kontext**
Fangen spielen …	… im Garten
Schritt 2	
Neues Verhalten ...	**... im alten Kontext**
Aufträge erfüllen – z. B. Mehl holen und in den Einkaufswagen legen …	… im Supermarkt

Situation 1

Ausgangssituation	
Verhalten …	**… im Kontext (Situation)**
Lösungen finden	
Schritt 1	
Altes Verhalten …	**… im neuen Kontext**
Schritt 2	
Neues Verhalten …	**… im alten Kontext**

Situation 2

Ausgangssituation	
Verhalten …	**… im Kontext (Situation)**

Lösungen finden	
Schritt 1	
Altes Verhalten …	**… im neuen Kontext**

Schritt 2	
Neues Verhalten …	**… im alten Kontext**

Situation 3

Ausgangssituation	
Verhalten ...	**... im Kontext (Situation)**

Lösungen finden	
Schritt 1	
Altes Verhalten ...	**... im neuen Kontext**

Schritt 2	
Neues Verhalten ...	**... im alten Kontext**

Wie fühlen sich die nützlichen Verhaltensweisen in passenden Kontexten an?
Gut? Entspannt? Stimmt!

Menschen treffen immer die beste Wahl aus den ihnen zur Verfügung stehenden Optionen

Niemand trifft absichtlich eine für sich schlechte Wahl! Im 19. Jahrhundert glaubte man, dass gebratene Mäuse Medizin wären. Sie könnten gegen schwere Krankheiten helfen. Sie reißen jetzt entsetzt die Augen auf? Denken, was das für ein Schwachsinn ist? Was für eine „Rabenmutter" so etwas nur machen kann? Dann lesen Sie weiter. Stellen Sie sich vor, Sie leben in White Chapel des 19. Jahrhunderts, einem der schlimmsten Viertel in London. Armut, Gewalt, Kriminalität und Krankheiten. Alles, was das Elend und Leiden der Menschen ausmacht. Dann wird Ihr Kind krank. Sie haben kaum Geld für Essen, die Wände Ihres Zimmers sind feucht und das Geld für Hilfe, geschweige denn für einen echten Arzt, der nicht nur zur Ader lässt, ist definitiv nicht da. Als Mutter oder Vater wollen Sie Ihrem Kind nur helfen! Nichts ist schlimmer als die Hilflosigkeit. Und dann hören Sie, dass eine gebratene Maus Ihrem Kind helfen kann. Was tun Sie also? Bevor Sie hilflos mitansehen, wie Ihr Kind stirbt, fangen Sie eine der zahlreichen Mäuse, braten sie und geben sie Ihrem Kind. In der Hoffnung, dass es hilft und mit dem Gefühl, zumindest „etwas" getan zu haben. Ich gebe zu, es ist ein heftiges und veraltetes Beispiel, doch an dem Prinzip hat sich nichts geändert. Auch müssen wir nicht so weit zurückgehen. Vor 60 Jahren gehörte es zu einer guten Erziehung, sein Kind zu züchtigen. Wenn Sie Ihr Kind gut erziehen und Ihrer Aufgabe als Eltern gerecht werden wollten, mussten Sie Ihr Kind züchtigen. Da spielte es keine Rolle, ob Eltern Mitleid mit ihrem Kind hatten. Sie wollten nur das Beste für ihr Kind. Jeder trifft die beste Wahl aus den ihm zur Verfügung stehenden Optionen. Nun denken Sie vermutlich auch anders über die Mutter, die ihrem kranken Kind eine Maus gibt. Also wenn wir die Entscheidungen anderer auf die Schnelle kritisieren wollen, dann sollten wir einen Moment innehalten und uns daran erinnern, dass es für denjenigen in dem Moment die beste Wahl war, die er treffen konnte. Dies gilt nicht nur für unsere Kinder. Dies gilt auch für alle anderen. Und auch für uns selbst. Gehen Sie also nachsichtig mit sich selbst um, wenn Sie an Begebenheiten denken, bei denen Sie im Nachhinein denken, dass Sie doch auch so oder so hätten handeln können.

Mehr Wahlmöglichkeiten erhöhen die Verhaltensflexibilität

Pest oder Cholera. Wer kennt nicht Situationen, in denen er sich vorkommt, als hätte er nur die Wahl zwischen zwei schlechten Varianten. Eben Pest und Cholera. Beides nicht so charmant und niemand trifft gerne eine solche Entscheidung. Ein Dilemma ist nie sonderlich angenehm. Ich fühle mich immer als Verlierer, egal wie ich mich entscheide. So geht es auch Kindern, wenn Sie sie vor die Wahl stellen „entweder … oder". Die Kinder fühlen sich in einem Dilemma, wollen sich nicht entscheiden, es kann Ärger, Tränen, Wut geben. Denn niemand möchte gezwungen werden, eine für ihn negative Entscheidung zu treffen. Nehmen wir an, ein Kind hat eine Fruktoseintoleranz, verträgt also Fruchtzucker nicht so gut, möchte aber auf der Soester Allerheiligenkirmes einen Früchtespieß essen, weil die restliche Familie auch welche isst. Nun gibt es folgende Möglichkeiten in einem Dilemma:

1. Das Kind verzichtet und ist traurig.
2. Das Kind isst seine Lieblingssorte mit Ananas und bekommt starke Bauchschmerzen. Kurze Freude mit anschließenden Schmerzen.

Keine tollen Aussichten meines Erachtens. Wie also kann hier eine Lösung gefunden werden? Wir erweitern einfach die Wahlmöglichkeiten und erreichen damit eine größere Flexibilität im Verhalten!

1. Das Kind verzichtet und ist traurig.
2. Das Kind isst seine Lieblingssorte mit Ananas und bekommt starke Bauchschmerzen. Kurze Freude mit anschließenden Schmerzen.
3. Das Kind entscheidet sich für eine Beeren-Variante, da es die besser verträgt, auch wenn es nicht die Lieblingssorte ist, hat dafür aber Freude und keine Beschwerden.

Dies lässt sich auch auf andere Situationen übertragen. Ein Klassiker ist für mich die Spielwarenabteilung. Die Vorannahme, dass sich das Kind eine Sache

aussuchen darf, ist gut. Nur passiert es dann doch wieder, dass im Arm des Kindes nicht nur eine Sache liegt und es freudestrahlend auf Sie zugeht und sagt: „Die Sachen möchte ich haben!" Ich selbst stehe dann da und hole erst einmal tief Luft, weil ich weiß, dass es nicht geht. Und selbst wenn es gehen würde, war etwas anderes besprochen. Ich könnte jetzt in den „Ring steigen" und sagen: „Such dir eine Sache aus! Lego oder Playmobil?" Mit größter Wahrscheinlichkeit kommt etwas wie: „Ich kann mich nicht entschieden. Sie sind beide soooo cool. Biiitte, darf ich nicht beide??", gepaart mit einem süßen Dackelblick. Jetzt heißt es ruhig bleiben. Schnell den guten Zustand aktivieren und Luft holen. Dann geht's weiter. Den Dackelblick ignorierend erweitern wir einfach die Wahlmöglichkeiten.
„Julian, wir haben jetzt drei Möglichkeiten:

1. Du nimmst das Lego.
2. Du nimmst das Playmobil.
3. Wir gehen nach Hause, ohne etwas zu kaufen."

Es klingt etwas fies? Nein, das ist es nicht wirklich. Denn wir haben nun kein Dilemma mehr, sondern die Wahlmöglichkeiten erweitert. Das Kind braucht sich jetzt bei der Entscheidung nicht mehr als Verlierer zu fühlen, weil es ein Spielzeug „aufgeben" muss. Sondern es kann sich als „Gewinner" fühlen, da es statt ohne etwas nach Hause gehen zu müssen, was wahrlich keine Option ist, zwischen zwei tollen Sachen auswählen kann, die beide besser als nichts sind. Wir wissen alle, dass es für das Kind keine echte Variante war, ohne ein Spielzeug nach Hause zu gehen. Aber darauf kommt es in dem Moment nicht an. Es musste sich nicht zwischen Pest und Cholera entscheiden. Lego aufgeben oder Playmobil.
Natürlich gibt es noch andere Möglichkeiten für eine solche Situation. Hier ging es mir einfach darum aufzuzeigen, wie mehr Wahlmöglichkeiten auch eine größere Flexibilität im Verhalten bedingen und dadurch Konflikte vermieden werden können. Dies gilt grundsätzlich. Je mehr Wahlmöglichkeiten ich habe, desto flexibler bin ich und kann mich in verschiedenen Situationen besser/nützlicher verhalten. Und Spaß kann es auch machen. Also Erweitern Sie Ihre Wahlmöglichkeiten und lesen Sie weiter. Jetzt. In fünf Minuten. Oder in zehn Minuten.

Es gibt kein Versagen, es gibt nur Feedback

Für die Wissenschaft ist es das Natürlichste der Welt: Versuch und Irrtum. Und kein Wissenschaftler denkt, dass er versagt hat, wenn eine Versuchsreihe nicht das gewünschte Ergebnis erzielt hat. Er notiert sich alles und leitet daraus sein Vorgehen für die nächste Versuchsreihe ab, bis er das gewünschte Ergebnis hat. Durch jede Versuchsreihe erhält er Feedback, mit dem er arbeiten kann, um im nächsten Durchgang seine Erfolgschancen zu vergrößern.

Warum machen wir Eltern uns dieses Prinzip nicht auch zunutze? Niemand versagt! Weder wir Eltern noch unsere Kinder! Wir bekommen für unser Handeln Feedback. Dieses gefällt uns manchmal mehr und manchmal weniger. Manchmal wird dabei die Apfelschorle verschüttet, manchmal hören unsere Kinder nicht auf das, was wir sagen und manchmal schaffen wir es gemeinsam, die ersten Meter mit dem Fahrrad zu fahren.

Wenn etwas funktioniert, schauen wir selten genau hin und möchten wissen, warum es gelungen ist. Doch genau das lohnt sich. Ihr Vorgehen hat das gewünschte Ziel erreicht. Also mehr davon.

Wenn es nicht funktioniert hat, sollten Sie, statt zu schimpfen oder sich als Versager zu fühlen, überlegen, was Sie anders machen können. Um bei der verschütteten Apfelschorle zu bleiben: Vielleicht erkennen Sie, dass das Glas zu voll war. Oder dass es besser ist, im Sitzen zu trinken, statt mit dem Glas herumzulaufen. Oder dass der gut gemeinte Hinweis „Pass auf, dass du nichts verschüttest“ genau das Gegenteil bewirkt hat. (Mehr dazu im Kapitel Sprache und Erziehung.) Es ist ein Lernprozess! Und lernen funktioniert nun mal durch Erfahrungen sammeln am besten.

Verzeihen gehört dazu, für Groß und Klein

Fehler eingestehen ist eine Kunst für sich. Ich finde es auch nicht so angenehm, mir selbst oder anderen einzugestehen, dass ich etwas falsch gemacht habe. Daher ist es wichtig, dass ich demjenigen, der sich entschuldigen möchte, mit Respekt begegne. Es erfordert Stärke, sich zu entschuldigen. Das sage ich (Kirsten) auch

meinem „Großen". Sich entschuldigen zu können ist ein Zeichen von Stärke und Mut. Und jetzt kommt es: Nicht nur Kinder können sich entschuldigen, sondern auch wir Erwachsenen. Ja, auch wir Eltern können uns bei unseren Kindern für unangebrachtes oder unangemessenes Verhalten entschuldigen! Wer hat nicht schon einmal im Stress überreagiert und mit den Kindern geschimpft, obwohl es nicht angebracht war? Das ist menschlich. Entscheidend ist hier, wie Sie damit umgehen. Denn damit leben Sie auch Ihren Kindern vor, wie Sie mit solchen Situationen umgehen. Wenn Sie also feststellen, dass Sie im Stress einfach überreagiert haben, gehen Sie danach zu Ihrem Kind und sagen ihm das auch.
Und entschuldigen Sie sich:

- Entschuldigung, ich habe eben ohne Grund geschimpft.
- Es tut mir leid, ich war eben viel zu laut.
- ...

- Fallen Ihnen ähnliche Situationen ein?

Verzeihen gehört dazu. Sich selbst, wenn Sie sich nicht so verhalten haben, wie Sie es von sich erwartet haben. Und auch, wenn Sie eine Entschuldigung bekommen. So leben Sie Ihrem Kind vor, dass es stark ist, sich auch entschuldigen zu können. Fehler passieren. Das Wichtige ist, was wir daraus machen!

Verständnis ist die halbe Miete

Verständnis gehört zu den Dingen, die Eltern ohne Ende aufbringen müssen. Es ist der soziale Kitt, das Wundermittel bei Ärger und Wut. Menschen wollen geliebt und verstanden werden. Und wenn Sie Ihren Kindern beides geben, können Sie alles schaffen. Insbesondere bei kleinen Kindern, die noch nicht ihre Gefühle genau verbalisieren können, hilft es ungemein. Auch in der Trotzphase. Wenn mein Kleiner anfängt, mit Spielzeug um sich zu werfen, weil er für mich offensichtlich wütend oder traurig oder enttäuscht ist, fange ich (Kirsten) gar nicht erst an zu schimpfen oder ihm zu sagen, dass er die Sachen doch liegen lassen soll. Es bringt nichts, da er zu sehr in seinen Gefühlen gefangen ist. Meistens nehme ihn in den Arm und frage ihn, ob er wütend ist, weil etwas nicht geklappt hat, oder ob er traurig ist, weil er nicht mit den Sachen seines Bruders spielen durfte und die dann voller Inbrunst zerstören wollte. Dann nickt er oder sagt „Ich bin wütich." Anschließend legt er sein Köpfchen an meine Schulter und fühlt sich aufgefangen und verstanden. Wie ein Zauber legt sich das Verständnis über meinen kleinen Wüterich und fast die ganzen negativen Gefühle sind verschwunden oder zumindest so weit weg, dass ich mit ihm wieder reden und eine Lösung finden kann. Verständnis aufbringen ist um ein Vielfaches leichter und angenehmer für mich, als zu schimpfen oder zu streiten. Auch für den anderen ist es doch angenehmer, Verständnis zu finden, als wütend sein zu müssen, weil er sonst keine Möglichkeit sieht. Es ist also eine Win-win-Situation für alle. Und auch der Große lernt, nicht zu schimpfen, sondern empathisch zu sein, ein Gespür für die Gefühle seiner Mitmenschen zu bekommen und auf diese einzugehen. Was auch wichtig für Resilienz ist, also die psychische Widerstandskraft, auf die ich noch später eingehen werde. Es ist also viel einfacher und friedlicher mit Verständnis.

Und immer, immer wieder geht die Sonne auf ...

So heißt es in einem Lied eines berühmten Sängers. Ein neuer Tag frei von Ärger und Streit. Manchmal habe ich (Kirsten) mir das sehr gewünscht, als mein Ältester noch klein war. Dann gab es eine blöde Situation, die nicht gut für uns beide gelaufen ist und auch nachdem es geklärt war, war die Stimmung irgendwie noch unschön. Es hat uns beide belastet, wir haben uns damit nicht wohlgefühlt. Wir wollten beide einen Neustart. Und so bin ich dann irgendwann auf die Idee gekommen zu sagen, wir fangen den Tag neu an. So konnten wir beide das Vorherige hinter uns lassen und den restlichen Tag, der ja manchmal sehr lang werden kann mit kleinen Kindern, in einer guten Stimmung verbringen. Allein der Satz, dass wir jetzt den Tag neu starten, hat uns dabei geholfen. Wir haben die für uns negative Situation ganz einfach unterbrochen. Auch mein Großer fand es sehr gut und hat dann sogar an manchen Tagen, wenn er zu viel Quatsch gemacht hatte, bereits mit drei Jahren selbst gesagt, dass er den Tag neu anfangen möchte.

Das war dann besonders süß, da er für sich dann auch eine Chance sah, mir zu zeigen, dass er sich doch auch „gut“ verhalten kann. Manchmal können also wir entscheiden, wann ein neuer Tag beginnt und wie er wird!

Vorbild sein

Welches Verhalten erwarte ich von meinen Kindern? → Erfülle ich selbst diese Anforderungen?

Eltern wünschen sich für ihre Kinder nur das Beste und stellen Erwartungen an sie. Die einen mehr, die anderen weniger. Es wird erwartet, dass die Kinder höflich zu ihren Mitmenschen sind. Dass sie Sport machen, sich die Zähne gründlich putzen und ihre Sachen aufräumen. Sie sollen nicht frech sein und auch nicht streiten. Beim Essen werden gute Manieren erwartet. Und wenn die Eltern telefonieren, sollen die Kinder sie nicht unterbrechen und leise sein. Bilder im Kindergarten schön sorgfältig ausmalen und in der Schule fleißig mitmachen. Am Chinesisch-Unterricht am Nachmittag zwischen Kindergarten und Ballett soll mit links teilgenommen werden. Alleine abends einschlafen ist eine Grundvoraussetzung. Die Hausaufgaben selbstständig erledigen und, ach ja, im Haushalt helfen natürlich auch noch. Puh. Selbst das alles aufzuschreiben war anstrengend und hat eine ganz eigene gedankliche Dynamik aufgenommen.
Die große Frage ist, ob Sie selbst die Anforderungen erfüllen, die Sie an Ihre Kinder stellen. Wie können Sie von Ihren Kindern erwarten, dass sie gute Tischmanieren haben, wenn Sie selbst mit dem Kopf im Suppenteller liegen und beim Essen mit dem Finger in der Nase bohren? Kinder schauen sich unser Verhalten ab.
Überlegen Sie mal, welches Auftreten Sie von Ihren Kindern erwarten und wie Sie selbst sich verhalten. Ihre Kinder ahmen Ihre Handlungen nach. Werden Sie sich zunächst Ihres eigenen Verhaltens bewusst. Nur so wissen Sie, was sie Ihren Kindern eigentlich vorleben und beibringen!

Lernen am Modell

Modelllernen ist nur ein anderes Wort für „Nachahmen des Verhaltens und der Gefühle einer anderen Person".

Menschen tun das völlig selbstverständlich, sobald sie auf der Welt sind. Sie beobachten zunächst ihre Eltern und andere Bezugspersonen sehr genau und empfangen dabei auch die Gedanken und Gefühle dieser Menschen mithilfe ihrer Spiegelneurone.

Spiegelneurone sind Nervenzellen im Gehirn, die Menschen und auch Tieren dabei helfen, nachzuempfinden, wie sich ein anderes Lebewesen fühlt. So können sie sich z. B. selbst schmerzhafte Erfahrungen ersparen, da sie stellvertretend diesen Schmerz bereits empfinden, wenn sie eine andere Person dabei beobachten, wie sie Schmerzen verspürt. Es genügt also, zu sehen, wie sich eine Person an der heißen Herdplatte die Finger verbrennt – Sie müssen es nicht selbst tun, um zu verstehen, dass das wehtut. Dieser Mechanismus ist schlau von der Natur eingerichtet!

Natürlich funktionieren die Spiegelneurone auch bei anderen Emotionen. So lernen kleine Kinder direkt über die Beobachtung ihrer Bezugspersonen, wovor sie sich fürchten sollten, worüber sie sich wie freuen dürfen, was lecker schmeckt und essbar ist, was Mama oder Papa und dann natürlich auch sie selbst glücklich macht, welche Anlässe traurig sind, wann Wut aufkommt, was Spaß macht, etc.

Das alles können Kinder lernen, indem sie Handlungen beobachten und dabei die Emotionen ihrer Betreuungspersonen mithilfe ihrer Spiegelneurone empfangen.

Vielleicht ist Ihnen bei dieser kurzen Erklärung schon aufgefallen, dass es sich im Sinne einer guten Erziehung für Eltern lohnt, die eigenen Gewohnheiten und emotionalen Reaktionen zu überdenken und falls notwendig zu verändern, um den eigenen Kindern einen guten Start ins Leben zu ermöglichen.

Sie sollten sich dabei z. B. fragen, ob Sie wirklich jede Angst oder Wut, die Sie im Moment noch pflegen, vor einer realen Bedrohung schützt oder ob es sich um eine unsinnige, zufällig erlernte Emotion handelt, die Ihnen nur das Leben erschwert, weil Ihr Stresslevel steigt.

Falls Sie zu dem Ergebnis kommen sollten, dass die Angst oder Wut unsinnig ist, sollten Sie das Problem zunächst bei sich selbst lösen – dann ersparen Sie Ihren Kindern den Jammer.

Genauso verhält es sich mit vielen anderen Gewohnheiten, die etwas mit Selbststeuerung zu tun haben.

Nun zurück zum Modellernen. Da die Emotionen der beobachteten Personen ungefiltert beim Beobachter ankommen, ist natürlich nicht immer klar, worauf sie sich beziehen. Wenn sich Mama z. B. ärgert, dass sie nicht rechtzeitig aus dem Haus kommt, weil ihr Sprössling in letzter Sekunde noch in die Windel gemacht hat und sie ihn nun wickeln muss, so kommt beim Kind im besten Fall nur an: Mama wickelt mich und ist dabei ärgerlich – deshalb ist Wickeln eine ärgerliche Tätigkeit. Wenn Mama auch schon einmal beim Füttern ärgerlich war und beim Anziehen ihres Kindes, kann es passieren, dass das Kind genereller lernt: Immer, wenn Mama mit mir zu tun hat, ist sie ärgerlich – Mama hat mich nicht lieb; ich bin ein böses Kind. Das kann das ganze Leben eines Menschen beeinträchtigen, zumal kleine Kinder noch auf die Unterstützung ihrer Eltern angewiesen sind und Schlimmes fürchten müssen, wenn die Eltern sie nicht gut gelaunt versorgen.

Ein anderes typische Beispiel für die Auswirkung derartiger Kopplungen ist die Schule mit den verschiedenen Schulfächern, Lehrern und Erwartungen der Eltern. Vielleicht können Sie sich selbst noch daran erinnern, dass es Fächer in der Schule gab, die Sie geliebt haben und in denen Sie deshalb auch gut waren, weil der Lehrer selbst begeistert war oder weil Sie zu Hause bereits die hingebungsvolle Liebe Ihrer Eltern zu diesen Themenbereichen spüren konnten. So wird Lernen zum Vergnügen und verspricht Erfolg und Spaß. Wahrscheinlich haben Sie, wie die meisten Menschen, selbst die Erfahrung gemacht, dass es in anderen Fächern eher mühsam war, sich zurechtzufinden. Vielleicht hatte das damit zu tun, dass sich Ihre Eltern Sorgen machten, weil sie z. B. dachten: Mathe konnte noch niemand in meiner Familie gut – meinem Kind wird das Fach sicherlich auch schwerfallen. Oder Sie hatten einen Lehrer, der Sie für dumm hielt, weil Sie am Anfang des Schuljahres einen Fehler gemacht haben. Vielleicht hatten Sie auch einen Lehrer, der – warum auch immer – schlechte Laune beim Unterrichten hatte.

Das alles kann dazu führen, dass Sie bestimmte Inhalte und Situationen mit Unbehagen verknüpfen und versuchen, sich körperlich oder geistig zu entziehen. Das ist eine schlechte Basis für Lernerfolge.

Was ich damit sagen möchte, ist: Es kommt nicht nur auf die beobachtete Handlung an, sondern auch auf die damit verbundenen Emotionen. Kinder lernen das

gekoppelt – also sorgen Sie dafür, dass Sie sich wohlfühlen, tun Sie etwas für Ihre eigene Psyche, dann wird Kindererziehung zum Selbstläufer.
Modeln hört nie auf – Menschen lernen ihr ganzes Leben lang! Falls Sie Pech hatten und von Ihren Modellen ungünstige Handlungen und Emotionen übernommen haben, können Sie das jederzeit verändern.

- Suchen Sie sich ein gutes Modell für das, was Sie auch können möchten, beobachten Sie es genau, tun Sie das so lange, bis Sie einen vollständigen Film Ihres Modells inkl. guter Laune im Kopf haben.
- Dann kommt der nächste Schritt: Ersetzen Sie im Film das Modell durch Ihre eigene Person und sehen Sie einen Film, in dem Sie sich dabei beobachten können, wie Sie ihr erwünschtes Handeln mit guter Laune ausführen.
- Nun kommt der dritte Schritt: Lassen Sie den Film in Ihrem Kopf zur Realität werden, spielen Sie mit und erleben Sie, aus eigenen Augen gesehen, wie Sie die neue Handlung gut gelaunt ausführen, bis sie zu einer lieben Gewohnheit geworden ist.
- Handeln Sie nun im realen Leben nach dem neu erlernten Muster.
- Freuen Sie sich immer darüber, wenn es Ihnen gut gelungen ist, das neue Handlungsmuster einzusetzen und gehen Sie gnädig mit sich um und verzeihen Sie sich, wenn Sie mal gescheitert sind.
- Planen Sie danach ein, wie Sie das nächste Mal so handeln, wie sie es wirklich möchten und freuen Sie sich darauf, zu erleben, wie es Ihnen gelingt.

Etwas gelernt zu haben bedeutet nicht, dass ich das gelernte Verhalten auch ausführe. Ich habe z. B. schon oft in Krimis Straftaten gesehen und wüsste deshalb, wie ein Handtaschenraub oder ein Mord funktioniert. Ich führe diese Handlungen jedoch nicht aus, weil ich mir davon keinen Vorteil verspreche, sondern eher eine unerwünschte Folge wie einen Gefängnisaufenthalt erwarte. Das Verhalten ist für mich unattraktiv.
Hinzu kommt, dass ich die gezeigten Verbrecher eher als unsympathisch, unreflektiert und unbeherrscht wahrnehme und zu dieser Menschengruppe nicht

gehören möchte. Also sind die Vorbilder ebenfalls unattraktiv, was mich auch daran hindert, das gelernte Verhalten auszuführen.
Trotzdem ist es gut, zu wissen, wie ich stehlen oder andere Menschen töten kann, denn es könnte vielleicht wichtig für mich werden. Z. B. wäre Töten in Notwehr- oder Nothilfe-Situationen oder im Krieg durchaus eine Möglichkeit, um das eigene Leben oder das Leben anderer, die angegriffen werden, zu schützen – dann ist es auch kein Verbrechen mehr und vielleicht bin ich bei Nothilfe sogar ein Held und kein Verbrecher, der verurteilt wird. So schnell kann sich die Beurteilung einer Handlung je nach Situation ändern.
Das alles sind wichtige Erkenntnisse zum Thema Modelllernen, die bei der Kindererziehung zum Tragen kommen.
Nun kommen einige praktische Anwendungsbeispiele:

Beispiel: Essverhalten

Vorab: Essenssitten sind in unterschiedlichen Kulturen der Welt verschieden – es gibt also kein Richtig oder Falsch, welches für alle Menschen dieser Welt gilt. In China wird geschmatzt, als Zeichen dafür, dass das Essen schmeckt, in Indien essen Menschen mit der rechten Hand ohne Besteck (Achtung! Niemals mit der linken Hand, denn diese wird für die Toilettenhygiene genutzt.), in Japan wird geschlürft, aber auf gar keinen Fall darf man am Tisch seine Nase putzen! Bei uns wird im Restaurant üblicherweise geräuschfrei mit Messer, Gabel und Löffel gegessen. Zu Hause ist es auch erlaubt, das Brot in die Hand zu nehmen oder sich eine Möhre mit den Fingern vom Teller zu angeln. Auch hier kommt es darauf an, alles zu üben und zu können und gleichzeitig zu wissen, bei welchen Gelegenheiten welche Verhaltensweise angemessen ist.
Üben können Sie das z. B. mit Ihren Kindern, indem Sie selbst üblicherweise auch zu Hause mit Besteck essen, Ihren Kindern passendes Besteck zur Verfügung stellen und sie dazu ermuntern, es auch zu benutzen. Zusätzlich können Sie, um den Kontrast zu verdeutlichen, immer mal wieder andere Essenssitten erproben – das macht nämlich Spaß! Sie könnten z. B. an sechs Tagen in der Woche gesittet essen und an einem Tag der Woche einen „Schweinetag“ einführen, an dem alle – auch die Eltern möglichst geräuschvoll – natürlich ohne Besteck – essen und anschließend den Teller sorgfältig abschlecken. So ist auch das ab und zu erlaubt

und Machtkämpfe zum Thema Esssitten werden unnötig. Oder Sie gehen mit Ihren Kindern zu einem Mittelalteressen auf eine Burg – auch da wird anderes Benehmen erwartet als im Sternerestaurant.
Es gibt also nur gesellschaftliche Übereinkünfte, wie wir uns z. B. in unserer Kultur beim Essen verhalten und es kann im Sinne der Globalisierung durchaus von Vorteil sein, auch andere Verhaltensweisen zu schätzen und im Repertoire zu haben.
Sie sollten auf jeden Fall immer im Blick haben, dass auch Machtverhalten über die Spiegelneurone mitgelernt wird. Sind die Kinder klein, werden sie sich vielleicht noch fügen, wenn sie groß werden, werden sie sich ohne drastische Erziehungsmethoden widersetzen und wenn sie erwachsen sind, werden sie Macht über andere ausüben, denn sie haben schon früh gelernt: Wenn ich erwachsen bin, darf ich anderen befehlen und meinen Willen notfalls mit Gewalt durchsetzen.

Beispiel: Sprache

Mit der Sprache ist es genauso – auch hier hängt es von der Situation und der Umgebung ab, welche Sprache angemessen ist.
Damit Kindern alle sprachlichen Möglichkeiten zur Verfügung stehen, sollten Sie zu Hause viel mit Ihren Kindern sprechen, ihnen die Welt erklären und ihnen vorlesen – das erweitert den Wortschatz.
Wenn Sie möchten, dass Ihre Kinder sich gewählt und freundlich ausdrücken, so sollten Sie auch dafür als Vorbild dienen, und zwar nicht nur, wenn Sie mit Ihren Kindern sprechen, sondern auch, wenn Sie mit anderen Menschen (oder auch Tieren) über Situationen, Sachen, die Welt sprechen. Sie dienen immer als Vorbild, nicht nur, wenn Sie das beabsichtigen!
Nun zum leidigen Thema Schimpfwörter: Im Rahmen meines Psychologiestudiums absolvierte ich (Gudrun) ein Praktikum in einer Erziehungsberatungsstelle. Dort lernte ich einen achtjährigen Jungen kennen, der in der Schule seine Lehrerin mit sexualisierten Schimpfwörtern auf die Palme trieb und bereits vom Unterricht ausgeschlossen worden war. Ich ließ mir berichten, welche Schimpfwörter er im Repertoire hätte. Die Lehrerin wurde beim Aussprechen der Worte rot, litt sichtlich und beteuerte, dass dieser Wortschatz auf gar keinen Fall in der

Klasse tragbar wäre – andere Kinder würden bereits anfangen, die Wortwahl zu imitieren. Meine Aufgabe bestand nun einerseits darin, herauszufinden, wieso der Junge sich so unflätig äußerte und ihm andererseits möglichst beizubringen, im Unterricht eine angemessene Sprache zu benutzen. Zu den Faktoren, die dazu führten, dass der Junge mit Schimpfwörtern um sich warf, gehörten mehrere Aspekte: Zu Hause sah sich der Vater des Jungen wohl manchmal zu nächtlicher Stunde Pornofilme an, bei denen die Worte vorkamen. Er ahnte allerdings nicht, dass er von seinem Sprössling dabei beobachtet wurde. Daher kamen also die Worte und sie waren für den Jungen attraktiv, da sein Vater sie ebenfalls zu schätzen wusste. Ein weiterer Faktor, warum es so attraktiv war, in der Schule die Worte zu nutzen, war, dass die Lehrerin mit einem roten Kopf darauf reagierte und verbot, das jeweilige Wort wiederholt auszusprechen. Bei einer Lehrerin so eine starke Reaktion hervorzurufen, löste bei dem kleinen Jungen ein sehr machtvolles Gefühl aus und zudem schienen Frauen auf eine solche Ansprache zu stehen (siehe Pornofilme). Diese Macht fühlte sich stark an, sorgte für garantierte Aufmerksamkeit, machte es für einen kleinen Jungen natürlich besonders attraktiv, die Worte möglichst oft zu nutzen, um diesen Effekt zu erreichen.

Beim Spiel und den Gesprächen mit dem Achtjährigen stellte sich dann heraus, dass er gar nicht wusste, was die Worte bedeuten, die er benutzte, und dass er auch nicht aufgeklärt war und nicht wusste, was Sex überhaupt ist und dass er mit der Entstehung von Babys zu tun hat.

Also schauten wir uns zuerst einmal ein altersangemessenes Aufklärungsbuch an, damit er das Thema Sex und Fortpflanzung verstehen konnte. Danach erklärte ich ihm die Bedeutung aller von ihm benutzten Wörter und wir überlegten gemeinsam, ob die in die Schule gehörten und ob er das wirklich mit seiner Lehrerin machen möchte. Zusätzlich klärte ich mit ihm, dass manche Erwachsene sich ab und zu Pornofilme ansehen und sich davon erregt fühlen, wenn sie die Bilder sehen und die Worte hören – ähnlich wie bei einem Abenteuerfilm, bei dem jeder miterleben kann, wie es spannend wird. Danach war der Junge unauffällig und nutzte eine angemessene Sprache in der Schule.

Was Sie daraus für die Erziehung lernen können, ist: Machen Sie Schimpfwörter nicht zum Tabu, sondern erklären Sie deren Bedeutung und ordnen Sie mit Ihren

Kindern zusammen ein, wohin sie gehören und wohin auch nicht. Getreu dem Motto: Meine Kinder sollen keine Schimpfwörter von der Straße mitbringen, sie sollen sie (zumindest deren Bedeutung) zu Hause lernen. Wenn Sie nur verbieten, dass Ihre Kinder unflätig sprechen, riskieren Sie einen Machtkampf, den Sie verlieren könnten und Ihr Kind weiß vermutlich nicht, was es überhaupt sagt – den Unterricht dazu gibt es nämlich auf der Straße nicht.

Work-Life-Balance

Heutzutage neigen viele Menschen dazu, alles schneller und immer mehr in kürzerer Zeit zu erledigen, immer erreichbar zu sein und aus der Freizeit immer ein Event zu machen. Aus Langeweile an einem verregneten Sonntagnachmittag auf die Idee zu kommen, aus den Gartenstuhlpolstern eine Höhle zu bauen, ist anscheinend völlig aus der Mode. Es ist kein Raum für Langeweile da, obwohl diese für die Entwicklung der Kinder so wichtig ist. Aus Langeweile entstehen Kreativität und die Fähigkeit, Lösungen zu finden. Kinder sind heute schon früh einem regelrechten Freizeitstress ausgesetzt. Verabredungen nach dem Kindergarten, Sport, Musik, Fremdsprache … Sie sind so überdreht, dass sie abends nicht schlafen können oder einfach überfordert sind mit dem dazugehörigen, äußerst charmanten Verhaltensrepertoire. Zeit und Raum für ruhige Gedanken, Ausruhen, einfach mal nichts tun und Langeweile ist kaum vorhanden. Doch gerade Kinder müssen diesen Raum haben. Sie lernen jeden Tag eine Unmenge an Dingen und müssen die Gelegenheit haben, diese Erfahrungen zu verarbeiten. Wie soll das bei Dauerstress möglich sein? Sicher möchte ich meinem Kind einen guten Start in dieser manchmal harten Welt geben und ihm alles ermöglichen, nur ist die Frage, ob das der richtige Weg ist. Ist es nicht besser, wenn ich meinem Kind Widerstandskraft beibringe und vorlebe, wie es im Alltag mit Stress umgehen kann, wie es Ruheoasen findet und nutzt? Wie es respektvoll mit seinen eigenen Ressourcen umgeht? Wer seinen Kindern früh vorlebt, dass es auch für ruhige Momente Raum gibt und es wichtig ist, auch einmal die Seele baumeln zu lassen, macht ihnen ein wertvolles Geschenk fürs Leben. Körper, Geist und Seele können auf Dauer nur gesund bleiben, wenn sie sowohl aktive als auch ruhige

Zeiten haben. Leben Sie Ihrem Kind diesen gesunden Dreiklang vor und auch Sie selbst haben etwas davon.

Resilienz

Um den Körper zu schützen, gibt es ein Immunsystem. Dieses hat die Aufgabe, Krankmacher, wie z. B. Viren und Bakterien zu bekämpfen. Es hat gelernt, diese zu erkennen, und wir können es durch Impfungen trainieren und z. B. mit Sport, Vitaminen, gesunder Ernährung und zuversichtlichen Gedanken unterstützen. Doch wie können wir unsere Psyche schützen? Wie können wir unsere psychische Widerstandskraft stärken, damit wir auch schwierige und belastende Situationen bewältigen können, ohne dauerhaft zu Schaden zu kommen, aus denen wir sogar gestärkt hervorgehen können?
Resilienz ist die psychische Widerstandskraft, die uns hierbei hilft. Doch was ist das Geheimnis von Resilienz, was sind die Faktoren, die die Fähigkeit ausmachen und kann ich diese meinem Kind beibringen?
Vorweg: Ja, Resilienz ist erlernbar!
Zum einen gibt es die personellen Ressourcen, also die persönlichen Fähigkeiten einer Person. Zum anderen Faktoren aus dem Umfeld der Kinder, wie die betreuenden Personen und die Art und Weise, wie Sie mit dem Kind umgehen, welche Werte Sie vermitteln etc.

Personelle Ressourcen

- Positive Selbstwahrnehmung
- Selbstwirksamkeit
- Selbststeuerung
- Problemlösungsfähigkeit (proaktive Problemlösungsstrategien)
- soziale Kompetenz

Umfeldfaktoren

- emotionale Bindung
- wertschätzender Erziehungsstil (auch in Kindergarten und Schule)
- Wertevermittlung
- Bildung

Positive Selbstwahrnehmung heißt, seine eigenen Gefühle zu fühlen, sie benennen zu können und auch die gesamte Bandbreite von Gefühlen zulassen zu können. Wir als Eltern können unsere Kinder hierbei unterstützen und ihnen beistehen, indem wir alle Gefühle von Wut über Trauer bis zu Freude annehmen und akzeptieren. Sie sind okay. Und auch unser Kind ist mit diesen Gefühlen okay. Es wird geliebt, egal wie es sich fühlt! Wir können also Gefühle annehmen. Je besser Kinder diese nicht nur wahrnehmen, sondern auch benennen können, desto besser können sie sich mitteilen und auch sozial interagieren. Das heißt also, vorlesen. Kinder, die einen reichen Wortschatz haben, können sich besser mitteilen, andere daran teilhaben lassen, was in ihnen vorgeht. Hierfür eignen sich z. B. Bücher, in denen in Bildern und Texten der Umgang mit Emotionen dargestellt wird.

Selbstwirksamkeit bedeutet, dass das Kind mit seinem Handeln etwas erreichen kann. Dieses Wissen ist unglaublich wertvoll. Der Erfolg beruht auf seinen Handlungen. Der Turm steht nur, weil das Kind ihn gebaut hat. Und das Kind kennt jetzt die Strategie, das Vorgehen, das zu diesem Erfolg geführt hat. Es kennt seine Fähigkeiten und Stärken und kann sie einsetzen. Geben Sie Ihrem Kind also die Chance, etwas selbst zu tun.

Selbststeuerung bedeutet, dass die Kinder mit ihren Emotionen umgehen können, diesen nicht hilflos ausgeliefert sind. Kinder sollten deshalb z. B. lernen, sich selbst zu beruhigen, mit ihrer Wut umgehen können etc. Oder sie sollten zumindest um Hilfe dabei bitten. Wut können sie auf einer Hüpfmatte weghüpfen oder an einem Boxsack rauslassen. Sich selbst beruhigen können sie z. B. durch ruhiges Atmen oder andere Entspannungstechniken. Zeigen Sie Ihrem Kind Handlungsalternativen, um Emotionen zu bewältigen.

Problemlösungsstrategien kann nur entwickeln, wer Probleme selbst lösen darf. Räumen Sie also nicht jedes Problem Ihres Kindes aus dem Weg, bevor es überhaupt gemerkt hat, dass es ein Problem gibt. Sicher, Sie wollen es Ihrem Kind so einfach wie möglich machen. Nur damit lernt es nicht, wie es Probleme lösen kann, und es erlebt auch nicht seine Selbstwirksamkeit und Kreativität. Geben Sie Ihrem Kind die Chance, selbst Lösungen zu finden, realistische Ziele zu setzen und Erfolge zu erleben.

Soziale Kompetenz bedeutet, mit anderen Menschen Kontakt aufnehmen zu können. Freunde sind für Kinder hier besonders wichtig. Sich in andere einfühlen zu können und auch Konflikte lösen zu können gehören zur sozialen Kompetenz ebenfalls dazu. Wenn Kinder Rücksicht auf andere nehmen können, fällt es ihnen leichter, in ihrem sozialen Umfeld klarzukommen.

Emotionale Bindung ist der Kitt des Lebens. Liebe, Zuneigung, jemand, der dem Kind zuhört und für es da ist. Zeigen Sie Interesse an dem, was Ihr Kind macht. Hören Sie zu, wie es ein Lied aus dem Kindergarten singt. Nehmen Sie sich die Zeit, um die Bauwerke Ihres Nachwuchses zu bewundern, hängen Sie die selbst gemalten Bilder auf …

Wertschätzender Erziehungsstil hat etwas mit Werten, Respekt und Akzeptanz zu tun. Schätzen Sie Ihr Kind. Respektieren Sie es. Akzeptieren Sie Ihr Kind so, wie es ist. Aus einem Baum können Sie keine Tulpe machen. Durch Ihre Erziehung leben Sie diese Wertschätzung Ihrem Kind vor.

Wertevermittlung sorgt für inneren Halt. Werte dienen als Richtschnur, an der das Kind sich orientieren kann. In unbekannten Situationen kann es sich an etwas festhalten und sein Handeln planen. Genauso wie Sie selbst kann sich Ihr Kind an Werten innerlich aufrichten.

Bildung und Lernen gehören zum Leben dazu. Die Halbwertszeit von Wissen beträgt nur noch einige wenige Jahre. Lebenslanges Lernen erhält immer mehr Bedeutung, nach der Schule ist nicht Schluss damit! Lernen, um des Lernens willen. Die Freude am Lernen. Das sind Dinge, die wir unseren Kindern beibringen können. Sicher kann Ihr Kind mit einem besseren Schulabschluss einen „besseren“ Beruf erlernen. Doch Lernen kann auch einen reinen Selbstzweck haben. Ihr Kind lernt das Lernen. Aus Freude am Lernen lernen. Schon bei den ganz Kleinen kann mit dem Vorlesen hier begonnen werden. Von Eltern, Großeltern oder Geschwistern vorgelesen zu bekommen, ist eins der schönsten Erlebnisse in der Kindheit. Und so überaus wertvoll!

Respekt und Augenhöhe

„auf Anerkennung, Bewunderung beruhende Achtung.“ So wird die Bedeutung von *Respekt* im Duden beschrieben.

„auf [gleicher] Augenhöhe (gleichberechtigt, gleichwertig: [mit jemandem] auf Augenhöhe verhandeln, diskutieren, verkehren).“ Das sagt der Duden zum Thema Augenhöhe.

Direkt vorneweg: Respekt und Augenhöhe haben nichts mit Alter oder Körpergröße zu tun. Natürlich kann jemand durch seine Taten einen größeren Respekt erwerben. Wie z. B. Florence Nightingale, die im Europa des 19. Jahrhunderts eine moderne Krankenpflege begründet und somit unzähligen Menschen das Leben gerettet hat. Ebenso wie J. W. von Goethe, der durch seine Dichtkunst den Geist der Menschen beflügelt. Albert Einstein, der die Tore zu neuen Welten mit seinen Theorien aufgestoßen hat. Marie Curie, die ihre Gesundheit für die Wissenschaft geopfert hat. Mahatma Gandhi der mit seinem gewaltfreien Widerstand neue Wege in der Konfliktlösung beschritten hat. Und nicht zuletzt Mädchen, die jeden Tag trotz Todesdrohungen zur Schule gehen, oder kleine Jungs, die mit fünf Jahren einen zweistündigen Fußmarsch auf sich nehmen, um zur Schule zu gelangen. Es gibt noch viele weitere bekannte und unbekannte Beispiele, die ich hier anführen könnte. Doch klar ist, dass Sie aufgrund Ihrer Taten Respekt erwerben können. Unabhängig davon geht es mir in diesem Kapitel darum, dass es Respekt gibt, den ich jeder Person entgegenbringe. Einfach aufgrund ihrer Existenz. Ich respektiere meine Kinder. Ohne Wenn und Aber. Ich achte sie und erkenne ihre Bedürfnisse an. Nur weil sie aktuell noch klein sind, heißt es für

mich nicht, dass ich sie weniger ernst nehme oder ihre Sorgen im Vergleich zu meinen lächerlich finde. Ihre Ängste und Sorgen sind genauso wichtig wie die jeder anderen Person. In meiner Welt ist es zwar unwichtig, ob „Frederik“ im Kindergarten heute nicht mit meinem Sohn spielen wollte oder gesagt hat, dass mein Sohn nicht mitspielen darf. Aber in der Welt meines Sohnes ist es wichtig. Da ich meinen Sohn respektiere, respektiere ich auch seine Gefühle und Sorgen. Und so kann es passieren, dass es das größte Problem überhaupt ist, dass er heute nicht mit seinen Freunden im Bällebad spielen durfte. Ich nehme ihn ernst und ich bin für ihn da.
Und das mache ich auf Augenhöhe. Auch hier gibt es zwei Aspekte. Zum einen die tatsächliche Körpergröße mit der entsprechenden Augenhöhe und zum anderen mit meiner inneren Haltung von Augenhöhe. Stellen Sie sich vor, Sie hätten etwas „angestellt“ und ihr Chef zitiert Sie in sein Büro, um ein „Feedbackgespräch“ zu führen. Sie kommen in das Büro und vor Ihnen steht ein Riese, der doppelt so groß ist wie Sie und der lauthals schreit und aufzählt, was Sie alles falsch gemacht haben. Bei der Vorstellung schaltet mein Gehirn sofort auf Fluchtreflex. Denken, geschweige denn etwas verstehen oder lernen, ist hier nicht möglich. Der Stresspegel ist so hoch, dass Sie nicht mehr denken können und nur noch fliehen möchten. So geht es unseren Kindern auch. Wir sind nun mal größer und stärker als sie. Noch. Beugen Sie sich zu Ihrem Kind herunter oder heben Sie es hoch, damit Sie sich so körperlich auf eine Augenhöhe mit ihm zu bringen und mit ihm sprechen können. Das hat etwas mit Respekt zu tun. In Situationen wie Begrüßungen, Erklärungen oder auch durchführen von Konsequenzen bietet sich dies auf jeden Fall an. So etwas können Sie natürlich nicht immer machen. Ein Alltag, in dem Sie sich ständig herunterbeugen, würde die Kapazitäten von Orthopäden und Physiotherapeuten sprengen, da Sie Rückenprobleme bekämen. Wie vermutlich die Mehrheit der Eltern und Erzieher. Hier hilft Ihnen die „innere Augenhöhe“. Wenn Sie Ihr Gegenüber, egal ob Kind oder Erwachsener, innerlich auf Augenhöhe haben, ist ein gleichberechtigter und gleichwertiger Umgang eine Kleinigkeit. Ihr inneres Bild von Personen kann – je nachdem, wie Sie zu ihnen stehen und was Sie von ihnen halten – unterschiedlich sein. Personen, vor denen Sie Angst haben, können in Ihrer inneren Wahrnehmung viel größer sein, als sie es tatsächlich sind. Und wenn Sie jemanden nicht ernst nehmen/respektieren,

wird er sicherlich in Ihrer inneren Wahrnehmung kleiner sein, als er es wirklich ist. Weder die eine Variante noch die andere Variante ist sonderlich hilfreich, um einen respektvollen Umgang auf Augenhöhe zu pflegen. Achten Sie also darauf, dass Sie die Menschen in Ihrer inneren Wahrnehmung auf ihre reale Größe und auf Augenhöhe bringen. Sicherlich kommt der Einwand, dass Kinder nicht gleichberechtigt sind. Sie sind die Kinder und wir die Eltern und für sie verantwortlich. Natürlich haben Kinder andere Rechte und Pflichten als Erwachsene. Es geht hier allerdings um das gleiche Recht auf Respekt und GleichWERTigkeit. Kinder haben ein Recht auf gewaltfreie Erziehung. Körperliche Bestrafungen, seelische Verletzungen und andere entwürdigende Maßnahmen sind unzulässig. So hat es der deutsche Gesetzgeber in § 1631 BGB beschlossen. Gewaltfreiheit ist für mich ein Menschenrecht.

Sprache in der Erziehung

Sprache ist mehrdeutig und unvollständig

Stellen Sie sich vor, Sie haben einen ereignisreichen Tag verbracht und erzählen Ihrer besten Freundin, was Sie erlebt haben. Wenn Sie nicht tagelang reden möchten, werden Sie nun Ihre Erlebnisse sortieren, bewerten, kürzen und für die Gesprächspartnerin möglichst verständlich formulieren. Sprache kann also prinzipiell nur einen kleinen Teil der Wirklichkeit transportieren und ist deshalb besonders anfällig für Störungen und Missverständnisse.

Ich (Gudrun) bin in Franken geboren und aufgewachsen – dort werden die Buchstaben D und T, B und P sowie G und K jeweils gleich ausgesprochen – es gibt ein „hardes" und ein weiches D, ein „hardes" und weiches B sowie ein „hardes" und weiches G. Das kann zu zusätzlichen Missverständnissen führen, besonders in der Zeit, in der Kinder noch nicht schreiben können. So habe ich mich als kleines Kind immer gewundert, was ein Wasservogel mit den Geschicken der Menschheit zu tun hat, denn Menschen sagen immer wieder „Ente gut – alles gut". Ebenso wusste ich lange Zeit nicht, was der Hinweis darauf, dass keine Waffe dabei ist, mit der Ziehung der Lottozahlen zu tun hat. Die Zahlen wurden „ohne Gewehr" verkündet. Klangähnlichkeiten bieten also eine weitere Möglichkeit für Missverständnisse, weil unser Gehirn Sprache in Bilder übersetzen muss – anders kann es Worte nicht verarbeiten. Es ist also gut möglich, dass Bilder und Filme im Kopf erzeugt werden, die keinerlei Sinn ergeben. Das hat zur Folge, dass Sie keinen blassen Schimmer haben, was eine andere Person gerade erzählt oder von Ihnen möchte. Und wenn dann noch kommt: „Stell dich nicht so an, du verstehst doch genau, was ich meine", trauen Sie sich nicht einmal mehr, nachzufragen, weil Sie sich dadurch als dumm und unfähig erweisen. Kleine Kinder haben einen geringeren Erfahrungsschatz als Erwachsene und damit auch weniger Definitionen (Bilder und Filme) zu den gesprochenen Worten im Kopf, so kann es besonders leicht zu Missverständnissen kommen.

Bei Anweisungen und Wünschen trifft das natürlich ebenso zu. Es ist überhaupt nicht selbstverständlich, dass Ihr Kind weiß, was Sie meinen, wenn Sie sagen, dass es brav sein soll. Und wenn Sie Ihrem Kind lautstark zurufen, dass es leise sein soll, versteht es vermutlich die Welt nicht mehr, da das ein Widerspruch in sich ist.

Stellen Sie also sicher, dass Ihr Kind weiß, was Sie genau von ihm möchten, indem Sie das erwünschte Verhalten genau beschreiben, besser noch die erwünschte Handlung vormachen – das erzeugt gleich die richtigen Bilder/Filme im Kopf. Wenn Sie wissen möchten, ob Ihr Kind Ihre Botschaft korrekt verstanden hat, können Sie das nur überprüfen, indem Sie sich von Ihrem Kind genau erklären/zeigen lassen, was es verstanden hat.

Lösungen anbieten = positiv formulieren

Denken Sie jetzt nicht an einen rosa Elefanten! – Schon passiert? Haben Sie ihn gesehen? Das Gleiche passiert im Gehirn Ihrer Kinder, wenn Sie Ihnen mitteilen, was sie alles nicht tun sollen. Um Ihre Anweisung zu verstehen, müssen sie erst einmal einen Film/ein Bild von dem sehen, was sie gehört haben, um den Satz zu verstehen. Wenn Sie Ihrem Kind z. B. sagen: „Nicht mit dem Essen spielen", sieht es einen Film, in dem es mit dem Essen spielt – was auch immer *spielen* bedeuten mag. Verneinungen wie das Wörtchen „nicht" erzeugen kein inneres Bild. Die entstandenen Bilder wiederum gehen unserem Handeln voraus – sind sozusagen unsere Vorbilder. Im günstigsten Falle streicht Ihr Kind den bereits gesehenen Film durch und unterdrückt seine Handlungsimpulse, was allerdings sehr anstrengend ist.

Sie können sich selbst und Ihrem Kind das Leben erleichtern, indem Sie positiv formulierte Wünsche äußern/Anweisungen geben. Anstatt Ihrem Kind das Problem mitzuteilen, teilen Sie ihm die Lösung mit, indem Sie genau formulieren, was es tun soll.

Beispiele:

Negativformulierung = Problem	**Positivformulierung = Lösung**
Nicht mit dem Essen spielen!	Brot ist zum Essen da – stecke es bitte direkt in den Mund!
Nicht stolpern!	Gehe bitte vorsichtig!
Nicht mit Sand werfen!	Schaufle den Sand bitte nur auf deine Sandburg oder in deinen Eimer!
Mit einem Glas in der Hand nicht rennen!	Gehe bitte mit einem Glas in der Hand langsam!
Schneide dich nicht!	Lege das scharfe Messer bitte vorsichtig auf den Tisch!

Welche Formulierungen könnten Ihnen und Ihrem Kind weiterhelfen? Lassen Sie sich dabei von Situationen inspirieren, in denen Ihr Kind etwas anderes tut, als Sie beabsichtigen – es könnte an der Formulierung liegen.

Wenn Sie jetzt schon genau planen, wie Sie in Zukunft mit Ihrem Kind sprechen, werden Sie Erfolge verbuchen, denn Ihr Gehirn und das Ihres Kindes kann nicht zwischen real und mental unterscheiden.

Eigene Beispiele:

Bisher: Negativformulierung	Zukünftig: Positivformulierung

Weniger ist mehr

„Das habe ich dir schon tausendmal gesagt und du hörst immer noch nicht!“ Haben Sie sich diesen oder ähnliche Sätze auch schon sagen hören? Glauben Sie wirklich, dass Sie durch Wiederholung – evtl. in unterschiedlichen Lautstärken – Verständnis und/oder Gehorsam erzeugen? Der Fehler scheint an anderer Stelle zu liegen.

... Vielleicht hat das Kind Ihre Worte wirklich nicht verstanden und weiß gar nicht, was Sie von ihm erwarten – dann sollten Sie Lösungen anbieten, positiv formulieren und genau beschreiben bzw. vormachen, was Sie erwarten.

... Oder Ihr Kind weiß sehr wohl, was Sie möchten, hat aber keine Lust, sich daran zu halten, weil es andere Bedürfnisse hat. In diesem Fall machen Sie sich bitte klar, dass Ihr Kind auch nonverbale Botschaften mitlernt, z. B. welche Zeichen ankündigen, dass Sie es wirklich ernst meinen.

Mögliche Anzeichen: Anzahl der Wiederholungen/Distanz zum Kind/Tonfall/ Mimik und Gestik etc.

Wenn Sie möchten, dass Sie von Ihrem Kind sofort ernst genommen werden, sollten Sie Ihr Pulver nicht sinnlos verschießen, sondern ihm nur wichtige Dinge vorschreiben und sicherstellen, dass Ihr Kind Ihnen wirklich zuhört, indem Sie hingehen und Ihren Sprössling mit Namen ansprechen. Dann ist es gut, die Botschaft (das erwünschte Verhalten) nur einmal klar und freundlich zu formulieren und dabeizubleiben, bis Ihr Kind das erwünschte Verhalten ausführt.

Beispiel: Sie sind am Spielplatz und ihr Kind (Lotte) baut eine Sandburg. Auf einmal fängt es an, sich mit voller Sandschippe in der Hand schnell zu drehen und so den Sand auf den Köpfen der mitspielenden Kinder zu verteilen. Gerne rufen Mütter oder Väter dann: „Lotte, du sollst doch nicht mit Sand werfen!“, denn sie sehen ihren Sprössling Lotte Sand werfen und das soll sie nicht tun. Nun beginnt der Jammer: Im Kopf von Lotte entsteht der Film, wie sie mit Sand wirft, denn das „nicht“ kann ihr Gehirn als Film/Bild nicht zeigen. Lotte denkt: „Prima, beim Drehen fliegt der Sand ganz schön weit – Sand werfen mach ich ja schon – also alles ist gut!“, macht munter weiter und probiert vielleicht noch weitere Sandwerfvarianten aus.

Das ist sicher nicht das Ergebnis, das Sie sich als Elternteil erhofft haben!

Die Lösung sieht anders aus. Also erleichtern Sie dem noch jungen Gehirn Ihres Kindes die Denkarbeit und helfen Sie ihm dabei, indem Sie zuerst bei sich selbst und danach durch Ihre Worte bei Ihrem Kind einen Film von wünschenswertem Alternativverhalten erzeugen.
Das geht so:

1. Sie sehen Lotte im Sandkasten mit Sand werfen und finden das ungünstig, weil die mitspielenden Kinder diesen abbekommen.
2. Sie fragen sich, wie Lotte im Sandkasten stattdessen mit Sand umgehen soll.
3. In Ihrem Kopf entstehen Bilder und Filme z. B. von Sandburg bauen, Sandkuchen backen, Sand im Eimer an eine andere Stelle transportieren. Das alles sind konfliktärmere Sandspielideen.
4. Nun ist es gut, wenn Sie aufstehen, zu Ihrer Tochter gehen, sie direkt ansprechen und ihr z. B. sagen:
    - „Lotte, wenn du dich mit dem Sand auf der Schippe drehst, bekommen die anderen Kinder Sand auf den Kopf – Sand in den Augen tut sehr weh …
    - … lass uns zusammen eine Sandburg bauen oder Sandkuchen backen."
5. Bauen Sie danach mit Ihrer Tochter zusammen die Sandburg – das macht Spaß und so stellen Sie sicher, dass das geschieht, was Sie für sinnvoll halten.

Wussten Sie eigentlich schon, dass Gedanken nicht an der Stirn enden, sondern auch über weite Strecken hinweg übertragen werden. Das trifft leider auch auf Befürchtungen zu – also achten Sie genau darauf, was Sie denken und korrigieren Sie den inneren Film, wenn nötig.
Oft sind Worte gar nicht notwendig, die innere Vorstellung reicht bereits, um eine Veränderung zu erzielen. Sie können das testen, indem Sie in Ihrem eigenen Kopf die Wendung der Geschichte erzeugen, die Sie erleben möchten. Malen Sie sich z. B. das erwünschte Verhalten Ihrer Kinder mit allen Sinnen aus und lassen Sie sich überraschen, was geschieht, wenn Sie diese Filme nur gedanklich an Ihre Kinder senden. Vielleicht haben Sie viel mehr Einfluss, als Sie bisher dachten!

Mit Worten Kinder stark machen

Am besten unterstützen Sie die Entwicklung Ihrer Kinder, wenn Sie diese Entwicklung zuversichtlich sehen – das wird sich in Ihren Worten spiegeln. Wichtig ist es auch, dass Sie sich bei typischen Denkfehlern ertappen und diese korrigieren: Z. B. können Sie aus Ihren Erfahrungen nicht auf die Anforderungen der Zukunft schließen, Sie können also nicht wissen, was im Leben Ihrer Kinder einmal wichtig sein wird. Vor 100 Jahren betrug die „Halbwertszeit von Wissen“, also die Zeitspanne bis die Hälfte des Wissens überholt ist, 100 Jahre. Das bedeutete, dass ein Mensch mit dem Wissen, das er in seiner Jugend erworben hatte, den Rest seines Berufslebens auskam. Inzwischen beträgt die „Halbwertszeit des Wissens“ vier Jahre und sie sinkt weiter! Das bedeutet, dass für Menschen lebenslanges Lernen immer wichtiger wird – es bedeutet aber auch, dass es unwichtig ist, ob eine Wissenslücke entstanden ist. Denn das Wissen ist sowieso bald überholt und Sie können jederzeit das aktuelle Wissen erlernen, wenn Sie das möchten. Lassen Sie Ihre Kinder also einfach machen, sie werden ihre Anforderungen schon meistern, wenn es so weit ist. Was Sie ihnen mitgeben können, ist die Zuversicht, dass sie es schaffen werden, wenn sie all ihre Fähigkeiten einsetzen, und dass das Leben der Mühe wert ist.

Ein weiterer Fehler ist es, zu frühe Schlüsse zu ziehen: Stellen Sie sich vor, Ihr Kind hat in Deutsch folgende Noten geschrieben: 2 – 3 – 4. Welche Note erwarten Sie als Nächstes? Eine 5? Weil Weiterzählen so naheliegt und so logisch ist? Diese Sorge spürt Ihr Kind und es ängstigt sich selbst. Dies Angst blockiert es beim Lernen und Abrufen von Wissen – vor allem, wenn Sie gleich bis in die ferne Zukunft weiterdenken, denn auf eine 5 folgt natürlich eine 6 und dann die erfolglose Wiederholung der Klasse, danach folgt das Scheitern im Beruf und Verderben auf ganzer Linie. So funktioniert unser Gehirn, was im Fall derartiger Befürchtungen eher ungünstig ist. Aufgrund Ihrer Befürchtungen machen Sie richtig Druck, um das Schlimmste zu verhüten. Nun muss Ihr Kind, das natürlich erwachsen werden möchte, sich gegen Sie und Ihre Überbewertung von schulischen Leistungen zur Wehr setzen, denn wenn es sich Ihrem Druck fügt, kann es kein eigenständiger, selbstbestimmter Mensch werden, was viel schlimmer wäre als schlechte Schulnoten. So kann es sein, dass sich Ihre Befürchtung letztendlich bewahrheitet.

Nun stellen Sie sich wieder vor, Ihr Kind hat in Deutsch folgende Noten geschrieben: 2 – 3 – 4. Sie wissen nun, dass es dazu in der Lage ist, auch eine 2 in Deutsch zu schreiben. Sie vertrauen auf die Fähigkeiten Ihres Kindes und gehen davon aus, dass es demnächst wieder eine 2 schreiben wird. Nun trösten Sie Ihr Kind für die 4 und sagen ihm, dass sie es auf jeden Fall lieben, egal welche Noten es schreibt. Versichern Sie ihm, dass es die Lücken schnell aufholen kann, wenn es das möchte und bieten Sie ihm an, dass Sie ihm helfen, wenn es Sie darum bittet. Danach lassen Sie Ihr Kind in Ruhe seine eigenen Erfahrungen machen, die braucht es für ein eigenständiges, selbstbestimmtes Leben. Ihre Schulzeit ist bereits vorbei – Sie haben andere Aufgaben. Ihr Kind wird vermutlich länger leben als Sie und muss irgendwann ohne Sie auskommen.
Ermuntern Sie Ihre Kinder dazu, neue Aufgaben zuversichtlich anzupacken und gnädig mit sich selbst umzugehen, wenn einmal etwas schiefgegangen ist – das Leben bietet viele Chancen, die es nutzen kann, wenn es mutig experimentiert.

Erlaubnisse statt Verbote

Sagen Sie so oft wie möglich Ja. Sagen Sie so wenig wie möglich Nein. Aber dann bleibt es auch beim Nein. Klingt komisch? Bringt aber etwas. Ein Ja ist immer einfacher als ein Nein. Wenn Kinder immer nur Nein hören, rebellieren sie und hören nicht. Sie fühlen sich eingeengt und empfinden ihre Grenzen als zu eng. Sie wollen sie erweitern. Also überlegen Sie genau, wann Sie Nein sagen und wann nicht. In manchen Situationen kann es nur ein klares Nein geben, aber in anderen können Sie auch leicht aus einem schnellen Nein ein überlegtes Ja machen. Manchmal sage ich (Kirsten) einfach aus Reflex Nein oder aus Gewohnheit. Oder auch aus Erschöpfung oder, sind wir ehrlich, aus Bequemlichkeit. Es gab schon einige Nachmittage, an denen mein Sohn nicht mit mir gebastelt hat, weil ich absolut keine Lust hatte. Und er natürlich nicht allein basteln wollte. Aber auch das kommt vor. Ein Nein sollte nur nicht zur Gewohnheit werden. Überlegen Sie immer, ob ein Nein wirklich nötig ist. Das reicht schon als Entscheidungsfaktor.
Und nun zu einem witzigen Trick, mit dem Sie allen Beteiligten das Leben soo viel leichter machen können. Wenn Sie möchten, dass Ihr Kind seine Spielsachen

wegräumt, lassen Sie einfach das „muss“ weg. Aus dem: „Jetzt musst du aber endlich deine Spielsachen aufräumen.“ Wird ein: „Du darfst jetzt deine Spielsachen wegräumen.“ Oder: „Du darfst dein Bett heute machen.“ „Du darfst deine Wäsche in den Wäschekorb legen.“
Dabei ist es wichtig, dass Sie freundlich und ohne Sarkasmus oder Ähnliches vorgehen. Die Betonung liegt auf „dürfen.“ Eine Erlaubnis ist wie ein Ja. Es fühlt sich anders an und vor allem kleinere Kinder wollen etwas tun und fühlen sich schon „mittelgroß“. Mein Großer meinte mit drei Jahren, er wäre doch schon groß. Allerdings fand ich das noch lange nicht. Und meine Mama hat ihm daraufhin einmal gesagt, dass er erst „mittelgroß“ ist. Sein recht großes Ego brauchte das. Seitdem hat er verstanden, dass es Babys, kleine Kinder, mittelgroße Kinder und große Kinder gibt. Und mittelgroße Kinder „dürfen“ natürlich schon ganz andere Sachen als kleine Kinder. Welche Tricks haben Sie so in Ihrem Repertoire?

Ja, aber …

Ja, aber heute nicht.
Ja, aber wir wollten doch erst basteln.
Ja, aber zuerst putzt du dir noch die Zähne.
Ja, aber das kann ich doch nicht.

„Ja, aber …“ fühlt sich irgendwie nicht gut an. Das Ja geht bei dieser Formulierung völlig verloren. Als wenn es nicht dagewesen wäre. Alles vor dem „aber“ verschwindet sozusagen. Und auch mich nervt das. Insbesondere von den Kindern. Für mich fühlt es sich an, als wenn sie mich veräppeln wollen. „Ja (Mama, ich komme zum Essen runter). Aber ich muss erst noch die Lego-Teile fertig anbauen.“ Das „Ja“ ist nur zum Beruhigen, ich habe dich gehört, du musst nicht nochmal fragen.
Und unseren Kindern geht es vermutlich genau so, wenn wir sie mit „Ja, aber …“ vertrösten. Schön ist das für keinen. Also her mit einer guten Alternative:
Ja, das ist eine gute Idee. Das können wir in den nächsten Tagen machen.
Ja. Wollten wir nicht erst basteln?

Ja. Zuerst putzt du dir die Zähne und dann lesen wir die Geschichte.
Ja. Kannst du mir dabei helfen? Ich glaube, ich kann das nicht.

Ja. Das fühlt sich doch schon viel besser an.

Kritik und Lob

Mit Kritik sind wir immer schnell bei der Hand. Ein missbilligender Blick. Ein abfälliges: „Was soll das denn?" Mitarbeitergespräche folgen letzten Endes auch immer dem Schema, Kritik, Potenziale zu optimieren und Verbesserungsmöglichkeiten anzusprechen. Das finde ich (Kirsten) mittlerweile so nervig! Das heißt nicht, dass ich etwas dagegen habe, etwas zu verbessern oder ein höheres Ziel zu erreichen. Ich finde es eben nur nicht nützlich, wenn immer nur kritisiert wird und Defizite aufgezeigt werden. Wer kann denn damit bitte umgehen? Ständig der Kritik ausgesetzt zu werden. Social Media macht das Ganze heute noch viel schlimmer. Jeder kann einfach jemanden oder etwas kritisieren, ohne sich rechtfertigen zu müssen, sich erklären zu müssen oder, Gott bewahre, der Person seine Kritik von Angesicht zu Angesicht mitzuteilen. Denn dafür fehlt oft der Mumm! Also auch loben und kritisieren will gelernt sein. Das Thema Social Media und alles, was damit zusammenhängt, überlasse ich gerne entsprechenden Experten. Doch folgender Grundsatz gilt immer: **Behandle andere so, wie du behandelt werden möchtest.** Dieser Grundsatz ist zwar sicherlich nicht mehr der Neuste, aber er verliert garantiert nie an Bedeutung. Ich kann verstehen, dass es schwer ist, den Fokus von Kritik zu lösen und ihn auf das Positive zu richten, da wir ständig damit umgeben sind. Und wenn es nur die Nachrichten sind. Mir fällt kaum auf, dass dort etwas Positives vermeldet wird. Und das meine ich jetzt unabhängig von Parteipolitik. Daher liegt es an uns, für uns und unsere Kinder ein gesundes Verhältnis von Lob und Kritik zu manifestieren.
Kritik darf niemals den Selbstwert einer Person gefährden – deshalb ist die Dosis im Vergleich zu Anerkennung so entscheidend, damit Kritik überhaupt angenommen werden kann. Ist die Dosis zu hoch, denkt der Kritisierte, dass

ohnehin nur an ihm herumgemeckert wird, er nicht gemocht wird, der Kritiker mal wieder einen schlechten Tag hat, etc.
Nun zu Zahlen, Daten, Fakten: Damit **ein Mal Kritik** angenommen werden kann, muss der Kritisierte **vorher neun Mal Lob** von mir gehört/gesehen haben, sonst kann er die Kritik nicht annehmen. Der innere Widerstand ist dann zu groß.
Stellen Sie sich das wie bei einem Burger vor. Der Burger ist geschichtet und in der Mitte ist das Fleisch oder die Falafel-Variante. Das Fleisch/Falafel ist die Kritik und das Brötchen mit Salat, Tomaten, Gürkchen, Zwiebeln, Speck, Soße, Käse … ist das Lob.

LOB LOB LOB LOB LOB LOB LOB LOB LOB
konstruktive Kritik
LOB LOB LOB LOB LOB LOB LOB LOB LOB

Wer sich fragt, was das für ein merkwürdiger Burger ist, den habe ich (Kirsten) in der 6. oder 7. Klasse im Kunstunterricht gemacht. Und wenn Sie jetzt darüber schmunzeln, habe ich mein Ziel erreicht, dass Sie wissen, in welchem Verhältnis Loben und Kritik stehen sollen, damit sie ankommen. Denn den Burger vergessen Sie so schnell nicht wieder. Wie Sie loben oder kritisieren, lesen Sie einige Seiten weiter hinten.

Es gibt kein Versagen, es gibt nur Feedback

Es ist kein Versehen, dass es dieses Kapitel nochmals gibt. Manche Dinge muss man einfach öfter lesen, damit man sie verinnerlichen kann, da sie ungewohnt sind. Und zudem können immer auch neue Aspekte hinzukommen. Feedback bekommen wir rund um die Uhr. Das kann ein freundliches Lächeln der Kassiererin sein, weil wir sie angesehen und Guten Morgen gesagt haben, statt nur stumm unsere Einkäufe wieder in den Einkaufswagen zu packen. Oder aber uns ist etwas heruntergefallen, weil wir in der Hektik einfach nicht richtig bei der Sache waren. Einmal haben wir ein gutes Gefühl und beim anderen Mal ärgern wir uns. Versagt haben wir aber nie. Wir bekommen Rückmeldungen für unser Verhalten. Und nun kommt ein für mich (Kirsten) wirklich schönes Beispiel für diesen Grundsatz, das Prinzip des Lernens am Modell und meinem täglichen Versuch, meinen Kindern ein Vorbild zu sein.

Meine beiden Jungs haben zusammen, im Zimmer vom Großen, Lego gespielt. Mit sechs Jahren und fast drei Jahren sind die Vorstellungen von Legospielen doch noch weit auseinander. Der Kleine zerstört gerne die gebauten Dinge und der Große mag am liebsten gewagte Konstruktionen. Doch in dem Moment haben beide lieb gespielt, bis der Kleine ärgerlich wurde, weil es nicht so geklappt hat, wie er es wollte. Der Stein wollte nicht halten (Feedback für den Kleinen, dass er noch nicht optimal mit Legobausteinen umgehen kann). Er wollte schon anfangen, alles kaputt zu machen, als ich hörte, wie mein Großer ganz lieb zu ihm sagte, dass das so nicht geht und er den Stein doch lieber so daraufsetzen sollte. Dann würde es auch stabil sein. Dann haben sie es gemeinsam gemacht und haben zufrieden weiter gebaut (Feedback für den Großen, dass er seinen Bruder richtig angeleitet hat, Feedback für den Kleinen, dass er den Legostein jetzt richtig setzt). Ich habe das alles vom Flur aus mitbekommen und war stolz auf uns. Nicht nur auf meine beiden Jungs, die das ganz toll gemacht haben. Sondern auch auf mich, weil mein Großer genau mein Verhalten nachgeahmt hat (Das war ein Feedback für meine Vorbildfunktion – anscheinend war mein Verhalten attraktiv und nachahmungswürdig). Er hätte auch herumschreien können, dass sein Bruder ihm nicht seine gebauten Sachen kaputt machen soll und im Gegenzug seine auch zerstören. Beide wären wütend und traurig gewesen. Und das Feedback auf die Ausgangssituation, dass ein Baustein nicht so wollte, wie er sollte, wäre ein Streit gewesen. So aber kann mein Kleiner lernen, dass er zwar „wütich" sein darf, wenn etwas nicht so klappt, wie er es möchte, er es aber neu probieren und dabei auch auf die Hilfe anderer zählen kann. Das hier ist also ein Multilevel-Beispiel für Feedback, Modeln, Streitvermeidung unter Geschwistern. Genau diese Feedback-Kultur können Sie Ihren Kindern auch aktiv vorleben, indem Sie in verschiedenen Situationen mit ihnen über Ergebnisse des Handelns sprechen und überlegen, ob sie mit dem Ergebnis zufrieden sind oder lieber ein anderes hätten. Das kann damit anfangen, die Jacke selbst zuzumachen, die berühmte Apfelschorle eingießen, einen Legoplan erfolgreich befolgen, sich an Regeln halten etc. Die Beispiele sind unerschöpflich. Denken Sie also in der nächsten Situation daran, dass das Ergebnis, egal ob positiv oder negativ, ein Feedback ist und als Hilfe fürs nächste Mal genutzt werden kann. Mehr davon oder etwas anderes versuchen?

Verhalten von Person trennen

Es ist so leicht, Sätze zu sagen wie: „Du kleiner Schmierfink." „Du bist so ungezogen!" „Du bist so frech!" Nur ist das auch so? Ist das Kind frech? Oder verhält es sich nur frech? Das ist nämlich ein sehr großer Unterschied. Solche Aussagen über eine Person, die ich nur anhand eines aktuellen Verhaltens tätige, sind nie gut. Es ist immer sinnvoller, die Person und das Verhalten zu trennen. Stellen Sie sich mal vor, die Kinder drehen wieder so richtig auf und bei Ihnen ist es irgendwann einfach genug. Es reicht Ihnen und Sie sagen: „Ich kann euch nicht mehr ertragen!!" Wie kommt das bei Ihren Kindern an? Die Mama kann uns nicht mehr ertragen. Will sie uns nicht mehr? Hat sie uns nicht mehr lieb? Das ist nicht so schön und auch sicher nicht das, was Sie gemeint haben. Es ist jedoch etwas völlig anderes, wenn Sie sagen: „Ich kann euer Verhalten nicht mehr ertragen!!" Sie haben Person und Verhalten getrennt. Denn Sie lieben Ihre Kinder, können das Verhalten der kleinen Satansbraten im Moment aber einfach nicht mehr ertragen. Und glauben Sie mir, auch ich (Kirsten) kenne diese Momente. Meine Kinder wissen aber auch, dass ich sie immer liebe. Egal was ist! Dessen sind sie sich bewusst, auch wenn ich ihr Verhalten kritisiere. Der sichere Hafen des „Sich-geliebt-Fühlens", egal was ich auch anstelle, ist immer da. So kommen dann auch Momente zustande, in denen ich mit den Jungs geschimpft habe und sie keine Minute später zu mir kommen, mich in den Arm nehmen, mir ein Küsschen geben und sagen, dass sie mich lieb haben. Und das nicht, weil sie sich einschleimen oder entschuldigen wollen. Sondern einfach, weil das Gefühl da ist.

Wie lobe ich?

Immer mit dem Herzen. Klingt vielleicht etwas kitschig, aber ein Lob sollte immer authentisch sein. Kinder spüren, wenn sie ein unechtes Lob bekommen. Daher kann ein Lob für eine „Kleinigkeit" überschwänglich sein, wenn das Herz vom Kind daran hing, es zu schaffen.

Aber erst einmal zu Ihnen. Sehr gut, Sie haben das Buch bis hierhin gelesen. Sie sind sicher stolz auf sich. ☺ Manchmal ist es gar nicht so leicht, das richtige Maß beim Loben zu finden. Zu viel ist übertrieben und bringt dem Kind nichts. Wenn ich für jede Kleinigkeit überschwänglich lobe, bleibt nichts mehr für die entscheidenden Momente: Der erste Mittagsschlaf ohne Schnuller, ein Nachmittag ohne Windel, das erste Mal allein Fahrrad fahren usw. Also stellt sich die Frage, wie loben Sie richtig und wie loben Sie überhaupt. Ich persönlich finde, dass Loben von einem Lächeln über ein „Das hast du gut gemacht, du bist sicher stolz auf dich" bis zu einem kleinen Geschenk gehen kann. Um Ihre Kinder zu loben bzw. eine positive Rückmeldung für ihr Verhalten zu geben, gibt es also viele Möglichkeiten.

Um positives Verhalten zu verstärken ist es sinnvoll, die eigene Motivation des Kindes anzusprechen. Denn es ist immer sinnvoller, eine eigene Motivation als Antrieb zu haben, als von außen motiviert werden zu müssen. Ist es nicht ein Traum, wenn Kinder aus eigenem Antrieb das Zimmer aufräumen wollen, statt dass man als Eltern immer von außen mit Druck und Belohnung arbeiten muss? Daher verstehe ich Loben als Verstärker des positiven Handelns, denn jeder möchte von positiven Dingen mehr. Und wenn das Kind nach positivem Verhalten von innen heraus ein positives Gefühl bekommt, wird es sich weiterhin positiv verhalten. Sicher brauchen Kinder von ihren Eltern und Bezugspersonen auch ein: „Ich bin stolz auf dich und das, was du gemacht hast." Allerdings sollte das nicht nur so laufen. Denn wenn Sie Ihr Handeln nur nach dem Lob von anderen ausrichten, sich also von Fremdbeurteilung abhängig machen, verlieren Sie den Focus auf Ihre eigene Motivation. Sie sind dann von anderen und deren

Urteil über Sie und Ihr Handeln abhängig.
Hier sehen Sie eine Auflistung von Möglichkeiten zu loben, die die Motivation stärken und die Sie gerne ergänzen können:

- Ein liebevoller, interessierter Blick auf das, was das Kind gerade tut …
    - „Klasse. Das hast du gut gemacht. Du bist bestimmt stolz darauf!"
    - „Das hast du sehr genau gemacht! Es sieht toll aus!"
    - „Hurra! Du bist sicher stolz auf dich, dass du das jetzt kannst!"
- Ein aufmerksames Lächeln …
    - „Du bist sicherlich sehr glücklich über dein Ergebnis!"
    - „Schön, bestimmt bist du zufrieden mit dem, was du geschafft hast!"
- Ein freundliches Lächeln …
    - „Ich freue mich, dass du mir so ein schönes Bild gemalt hast!"
    - „Sehr gut. Du freust dich sicherlich, dass du das geschafft hast!"
- …
- …
- …

Sie können stolz auf sich sein, Sie haben noch mehr Möglichkeiten zum Loben gefunden.

Wenn Sie eine Katze haben, die Freigänger ist, wissen Sie, dass die Geschenke Ihrer Katze (z. B. tote Mäuse) nicht immer das sind, was Sie sich zum Frühstück wünschen. Sie wissen jedoch auch, dass es die Katze gut gemeint hat und können sich im besten Falle über diese gut gemeinte Geste freuen.
Bei Menschen ist es nicht anders.
Wichtig zu wissen ist auch, dass das, was Eltern als Belohnung gemeint haben, für das Kind nicht immer belohnend wirkt. Genauso, wie es für Sie vielleicht nicht der Hit ist, von Ihrem Kleinkind das abgelutschte Schnuckeltuch in den Mund gesteckt zu bekommen. Deshalb ist es wichtig, genau zu beobachten und zu erfragen, was Ihr Kind denn wirklich gerne haben/tun möchte, damit Sie ihm das geben können, was es wirklich attraktiv findet:

- „Was wünschst du dir denn, wenn du die unangenehme, aber notwendige Tätigkeit geschafft hast?"
    - Kleines Geschenk?
    - Zeit mit Mama oder Papa alleine?
    - Eine bestimmte Aktivität?
    - …?
        - Den Wunsch des Kindes erfüllen, wenn es seine Aufgabe erledigt hat.
        - „Super, ich bin stolz auf dich."

Wichtig ist auch noch, dass die Belohnung schnell erfolgt, denn Kinder haben ein anderes Zeitempfinden, als Erwachsene. Vielleicht können Sie selbst sich noch daran erinnern, wie lange für Sie während der Schulzeit ein Nachmittag ohne Freunde sein konnte. Und vielleicht haben Sie schon bemerkt, dass für Sie als erwachsene Person die Jahre nur so verfliegen.
Kleine Kinder haben gar kein Zeitempfinden. Sie können Bedürfnisse nicht aufschieben und Belohnungen wirken nur dann, wenn sie direkt im Anschluss an das erwünschte Ereignis gegeben werden.
Das heißt für Sie, dass Sie das kleine Geschenk, das Sie versprochen haben, bereits zu Hause haben sollten, damit Sie es Ihrem Kind sofort geben können, wenn die ungeliebte Aufgabe erledigt ist. Genauso sieht das auch mit der versprochenen Zeit aus – die ist nicht erst in drei Tagen einlösbar, dann stellt das Gehirn Ihres Kindes keine Verbindung mehr her zwischen der erledigten Aufgabe und der Freude über das Geschenk/die Aktivität.
Dauerhaftes Lernen funktioniert nur dann, wenn diese Verbindung geschaffen wird.

Wie kritisiere ich?

LOB LOB LOB LOB LOB LOB LOB LOB LOB
konstruktive Kritik
LOB LOB LOB LOB LOB LOB LOB LOB LOB

Wenn ich jemanden kritisiere, habe ich etwas zu bemängeln oder zu beanstanden. Das, was ich beobachte, entspricht nicht den Anforderungen oder dem, was vereinbart worden ist.
Dabei könnte ich alles „raushauen“, was mich gerade stört und worüber ich aktuell sonst noch so wütend bin. Auch hierbei gilt: Es gibt kein Versagen, es gibt nur Feedback sowie Person von Verhalten trennen. Und wie Sie sicher schon vermuten, gibt es noch eine andere Art zu kritisieren. Nämlich die konstruktive Kritik. Diese Art der Kritik ist stets **nützlich**, **respektvoll**, **förderlich** und auf das **Finden von Lösungen** ausgerichtet. Sie ist **sachlich** und **unterstützend**. Sie hat einen **Lerneffekt zum Ziel**.
Eine hochgezogene Augenbraue, Ironie, genervtes Seufzen, mit den Augen rollen oder andere Verhaltensweisen dieser Art gehören nicht zu konstruktiver Kritik. Auch sollten Sie nie im Affekt kritisieren.
Konstruktive Kritik ist

- **Präzise**
  Ich beziehe mich also konkret auf eine problematische Situation.

- **Respektvoll**
  Ich werte mein Gegenüber nicht ab, ich bin respektvoll.

- **Sachlich**
  Ich beschreibe ein problematisches Verhalten.

- **Lösungsorientiert**
  Ich biete Lösungen oder Alternativen an.

Manchmal bietet es sich an, direkt ein Verhalten zu kritisieren, manchmal ist aber auch ein späterer Zeitpunkt besser. Der Vorteil der direkten Kritik ist die zeitliche Nähe und die damit verbundene nahe Erinnerung des Geschehens. Auch sollten Sie nicht zu viel sagen. Das kann überfordern.
Um die konstruktive Kritik zu äußern, achten Sie also auf die Trennung von Verhalten und Person, auf Sachlichkeit, ob Sie selbst aktuell emotional involviert sind, auf Nützlichkeit sowie auf den Umfang der Kritik. Sie starten und enden auch immer mit etwas Positivem.

Beispiel:
Charlotte hat mit ihrer Mutter vereinbart, dass sie in ihrem Zimmer erst die Barbies und das Lego aufräumt, bevor sie mit dem Puzzle spielen darf. Sie hat allerdings nur die Puppen an ihren Platz gelegt und die Puzzleteile zwischen den Legosteinen ausgebreitet. Die Mutter kommt ins Zimmer und sieht es.
In diesem Fall ist *sofort* der richtige Zeitpunkt.

Die Mutter kann ruhig sagen:
Lob: „Charlotte, schön, dass du die Puppen aufgeräumt hast."
Kritik: „Wir haben vereinbart, dass du vor dem Puzzeln auch das Lego in die Kiste packst. Das hast du nicht gemacht, es liegt noch auf dem Boden zwischen den Puzzleteilen."

Lösung: „Räum das Lego jetzt in die Kiste."
Lob/Erwartung von Belohnung: „Dann kannst du viel besser deine schön gepuzzelten Bilder sehen."

Auf diese Art kann Kritik gut angenommen werden. Und für das nächste Mal können die Kinder lernen, dass es vielleicht doch besser ist, alles aufzuräumen, bevor es etwas Neues hervorholen. Denn Lego zwischen Puzzleteilen herauszusuchen ist nicht so lustig. Mir fällt da direkt Aschenbrödel ein. Die Guten ins Töpfchen …
Das mit dem einfachen Feedbacksandwich (Lob – Kritik – Lob) klappt allerdings nur dann, wenn die 9:1-Regel grundsätzlich im Alltag eingehalten wird. Der Satz

mit Charlotte und den Puzzleteilen kann also nur dann wirken, wenn die restlichen acht Mal loben zwischen zwei Kritikäußerungen einen zuverlässigen festen Boden der liebevollen Akzeptanz bildet, der dem Kind Sicherheit gibt, geliebt zu werden.

Wie gehe ich mit Rückschlägen um?

Es gibt da einen guten Spruch mit „Hinfallen … und Krönchen richten". Der trifft im Leben wohl immer wieder zu. Doch so etwas zu lesen und gut zu finden ist die eine Sache, es gekonnt im Leben umzusetzen die andere. Und so ein Rückschlag kann einen schon mal richtig heftig treffen. Da können Kinder mit ihren Forderungen und Bedürfnissen einen einfach an den Rand des Machbaren bringen. In der Akutphase gilt erstmal überleben. Das heißt: Erziehung nur, wenn es beiden gut geht. Also Erziehung Erziehung sein lassen und erst Kraft sammeln. Schauen, was ihnen guttut (denken Sie an das Wellnesscenter). Um mit Rückschlägen umzugehen, helfen je nach Situation die Grundgedanken der Resilienz und auch der Feedbackgedanke. Es gibt kein Versagen, sondern nur Feedback. Schauen Sie ruhig nochmals in den Kapiteln nach. Es geht nicht darum, alles durch eine rosa Brille zu betrachten. Manche Sachen sind scheiße. Da lässt sich nicht drum herumreden. Aber der Umgang mit einem Rückschlag ist entscheidend. Und mit ihrem Verhalten dienen Sie auch wieder ihren Kindern als Vorbild. So können Ihre Kinder von Ihnen lernen, wie sie in solchen Situationen vorgehen können.

Ein Rückschlag ist das Entfernen vom gewünschten Ziel. Mehr nicht. Er kann die Chance auf neue Wege sein oder die Gelegenheit, das Ziel neu zu überdenken. Er bietet die Chance zu Wachstum, kreativ zu werden. Rückschläge sind Herausforderungen.

Bei einem Rückschlag dürfen Sie auch weinen. Ziele sind mit Emotionen verbunden und wenn diese nicht so erreicht werden können, wie Sie es geplant haben, oder etwas dazwischenkommt, dann ist es gut, wenn Sie Ihre Emotionen ausleben dürfen. Wenn Sie Ihr Ziel erreicht haben, freuen Sie sich schließlich auch und lachen z. B. Bei einem Rückschlag bleiben Sie jedoch nicht in dieser Emotion hängen, sondern richten Ihren Blick auf Ihr Ziel und wie Sie es nun erreichen können. So ähnlich wie bei dem Spiel „Verrücktes Labyrinth“, wenn Sie einfach rausgeschoben werden, obwohl Sie „so kurz“ davor waren, das nächste Ziel zu erreichen. Und jetzt greift wieder der Spruch mit dem „Hinfallen, aufstehen …“

Wie setze ich Ziele?

Unter diesem Link bzw. QR Code können Sie sich eine Zeitreise, während der Sie in eine Zukunft reisen, in der Sie ihre Ziele bereits erreicht haben und auf Ihre erfolgreiche Zielumsetzung zurückblicken, als Audiodatei herunterladen:

https://www.nlp-impulse.com/dl/ziele.mp3

Ziele sind etwas Tolles. Sie können Sie motivieren, Ihnen Orientierung geben… Ziele können Menschen einen Lebensweg geben. Nur wie suchen Sie sich ein Ziel aus? Wann ist ein Ziel zu groß, zu weit weg, zu allgemein …? Wie sollten Ziele sein, die Sie mit Ihren Kindern vereinbaren, damit Sie sie nicht über- oder unterfordern? Wie kann Ihr Kind lernen, sich sinnvoll ein Ziel zu setzen? Fragen über Fragen. Und diesmal eine klare Antwort! **S.M.A.R.T.**

S.M.A.R.T.

Die Abkürzung steht für die Begriffe spezifisch, messbar, attraktiv, realistisch und terminiert. Wenn Sie Ihr Ziel anhand dieser Kriterien ausrichten, haben Sie gute

Voraussetzungen geschaffen, um dieses auch zu erreichen. Wenn Sie dann noch innerhalb der nächsten 48 Stunden damit beginnen, den ersten Schritt in Richtung Zielerreichung zu unternehmen, sind Sie auf dem richtigen Weg. Aber was bedeuten diese Kriterien genau?
Anhand der Beispielsituation des „Abends-ins-Bett-Gehens“, erkläre ich die Kriterien:

Spezifisch

Das Ziel soll exakt formuliert sein. Nicht oberflächlich und allgemein, sondern ganz konkret.
Beispiel:
Das Kind ist gewaschen und in Schlafbekleidung in seinem Zimmer.

Messbar

Das Ziel soll messbar sein. Sie können also kontrollieren, ob Sie es erreicht haben oder nicht.
Beispiel:
Hat das Kind die Schlafbekleidung an? Ist es in seinem Zimmer? Hat es noch Käsefüße oder ist die Zahnbürste noch trocken trotz der Aussage, die Zähne geputzt zu haben?

Attraktiv

Was haben Sie davon, wenn Sie das Ziel erreicht haben. Ist es für Sie attraktiv?
Beispiel:
Nach der Zielerreichung ist noch genug Zeit für eine oder mehrere Geschichten.

Realistisch

Ist das Ziel überhaupt ohne Weiteres erreichbar?
Beispiel:
Kann sich das Kind bereits ohne Hilfe waschen, Zähne putzen und den Schlafanzug anziehen?

Terminiert

Es soll ein fester Zeitpunkt zur Zielerreichung festgelegt werden.
Beispiel:
Um 19:00 Uhr.
Können Sie in dem Beispiel alle **S.M.A.R.T.**-Kriterien mit „Ja" beantworten, ist Ihr Ziel positiv formuliert und somit erreichbar. Also viel Spaß bei der Umsetzung! Sollte einer der Punkte nicht erfüllt sein, überarbeiten Sie das Ziel. Passt die Uhrzeit nicht? Kann das Kind sich noch nicht allein waschen? Ist die Geschichte attraktiv oder ist es attraktiver, wenn es noch 15 Minuten spielen darf?
Bei Zielsetzungen für andere (hier Kinder) ist es natürlich wichtig, dass das Ziel auch attraktiv für die Person ist, die es betrifft (Ihr Kind) – nicht nur für die Eltern!
Probieren Sie es aus. Es funktioniert auch bei Zielen von uns Erwachsenen!

Grenzen setzen und konsequent sein

Dies ist wirklich nicht mein Lieblingsthema. Grenzen setzen finde ich (Kirsten) noch relativ leicht. Doch das Konsequentsein ist da schon etwas anderes. Ich finde es unheimlich anstrengend, konsequent zu sein. Denn es erleichtert meinen Alltag auf den ersten Blick nicht. Es kann für Tränen oder Wut sorgen. Wenn ich Glück habe auch für Verständnis bei meinem Großen. Es kostet allerdings immer Zeit und Energie.
Also wozu das alles?

Ziel von Grenzen

Grenzen sind letzten Endes ein Rahmen, in dem sich ein Kind sicher bewegen kann. Wie ein Laufställchen für Babys. Die Eltern wissen, dass dem Kind nichts passieren kann, da sie einen kleinen, überschaubaren Bereich für ihr Baby gestaltet haben, in dem es sich **frei** und **sicher** bewegen kann. Das Baby und auch das Kleinkind kann **selbst entscheiden**, ob es sich rollen möchte, dem Stoffhasen das Ohr ansabbern oder sich später an den Stäben hochziehen will. Es kann sich nach seinem Willen und seinen Möglichkeiten ausprobieren. Und das selbst! Ohne ständig von Mama und Papa „gegängelt zu werden“. Und auch die Eltern lernen etwas Abstand zu halten, ihr Kind machen zu lassen. Je älter Kinder werden, desto größer werden ihre Fähigkeiten und der Wunsch, Dinge selbst zu tun. Und dementsprechend müssen auch die Grenzen verschoben werden. Ich (Kirsten) fand es furchtbar anstrengend, als mein Kleiner nicht mehr ins Ställchen wollte, sondern überall hochklettern und laufen wollte. Ständig war ich hinter ihm her, weil er die glatte Wand hochklettern wollte. Er wollte sogar an den Griffen meiner Küchenschränke hochklettern. Seine bisherigen Grenzen passten nicht mehr zu seinen Fähigkeiten und ich musste sie anpassen. Trotzdem konnte ich ihn noch in Notsituationen für einige Momente im Laufstall lassen. Als sich das dann auch erledigt hatte, war mir dann endgültig klar, dass seine Zeit als Baby vorbei war. Er war ein kleiner Junge geworden. Der entscheidende Moment war, als mein Großer einen Freund zu Besuch hatte und die Jungs im Wohnzimmer alle gespielt haben, bis einer der Großen gestolpert ist und sich leicht wehgetan hatte. Also abklären, ob es eine richtige Verletzung war, und trösten. Der Kleine kam ins Ställchen, welches nur zweieinhalb Meter entfernt stand. Mit dem Rücken zum Ställchen habe ich mir den Fuß des Großen angesehen. Ich habe mich nach nicht einmal 30 Sekunden gewundert, warum mein Kleiner neben mir stand! Der kleine Lorbass* ist ohne Probleme und Hilfe beim ersten Versuch aus seinem Ställchen geklettert! Am nächsten Tag habe ich das Ställchen abgebaut. Seine bisherigen Grenzen wurden eher zu einer Gefahr als zu einem Schutz. Grenzen müssen also immer dem Alter und den Fähigkeiten entsprechen. Dazu gehört auch, dass sie regelmäßig überprüft und – falls erforderlich – angepasst werden. Denn sie sollen unseren Kindern helfen, in einem sicheren Rahmen neue Fähigkeiten zu erproben, Sicherheit geben und Selbstständigkeit ermöglichen.

Regeln setzen Grenzen

„Die Freiheit des Einzelnen endet dort, wo die Freiheit des Anderen beginnt“. Immanuel Kant

„Jeder hat das Recht auf die freie Entfaltung seiner Persönlichkeit, soweit er nicht die Rechte anderer verletzt (…).“ Art. 2 Absatz 1 Grundgesetz für die Bundesrepublik Deutschland

Die Freiheit des Einzelnen findet also automatisch ihre Grenzen in der Freiheit der Mitmenschen. Zwar können Sie jetzt argumentieren, dass das dann keine wirkliche Freiheit ist, jedoch ist der Mensch nun mal ein soziales Wesen und benötigt zum Überleben Sozialkontakte. Ein Kind kann nicht allein Überleben. Also benötigen wir Regeln, um zum einen die Freiheit jedes Einzelnen abzusichern und um ein soziales Miteinander zu gewährleisten. Regeln setzen also automatisch Grenzen.

Welche Regeln?

Einige grundlegende Regeln gelten für alle, wie z. B. nicht schlagen, sondern sanft berühren. Dann gibt es allerdings auch Regeln, die sich aus bestimmten Situationen ergeben. Daher muss jede Familie für sich entscheiden, welche Regeln für sie gelten. Wobei einige Regeln von den Eltern festgelegt werden, da die Kinder noch zu klein sind und es im Verantwortungsbereich der Eltern liegt, Grenzen und Schutz zu geben. Dann gibt es aber auch Grenzen, die die Kinder mitbesprechen können, soweit sie hierfür verständig sind.
Es gibt also zwei Arten von Regeln: Regeln, die von den Eltern festgelegt werden. (Wenn wir über die Straße gehen, gibst du mir die Hand. Erst Hände waschen und dann zum Essen kommen.) Und Regeln, die mit den Kindern besprochen werden können (Hilfe beim Tischabdecken oder beim Thema *Spielzeug aufräumen.*). Je kleiner ein Kind ist, desto weniger Regeln gibt es, die allerdings von den Eltern vorgegeben werden. Je älter ein Kind wird, desto mehr Regeln gibt es, die dann auch frei vereinbart werden können. Hier hilft der Trick mit den Erlaubnissen statt mit Verboten oder Regeln. Ein Kind **darf** die Schuhe auf die Matte stellen, statt der Regel, dass es die Schuhe auf die Matte stellen **muss**. Dieser „Trick" ist sehr wirkungsvoll und erleichtert das Leben für alle. Denn auch mir fällt es leichter, das zu tun, was ich darf, und nicht das, was ich muss. Wie ist das bei Ihnen? Im Laufe der Zeit fallen auch einige Regeln weg, die sich nur auf bestimmte altersspezifische Situationen bezogen haben. Und Gott sei Dank werden Regeln auch so weit verinnerlicht, dass sie als selbstverständlich angesehen werden und in das unbewusste Verhaltensrepertoire aufgenommen worden sind. Auch dies sollte immer wieder mal gelobt werden.

Vorschläge für einige Elternregeln:
Wenn wir über die Straße gehen, hältst du meine Hand.
Erst Hände waschen, dann zum Essen kommen.
Es wird niemand geschlagen, es wird nur gestreichelt. Auch Haustiere.
Im Haus werden die Schuhe ausgezogen.
An die Schlüssel gehen nur die Erwachsenen.
Die Haustür wird nur von den Erwachsenen aufgemacht.

Nachdem du auf der Toilette warst, werden die Hände gewaschen. Ja, mit Seife.
Wir bleiben am Tisch sitzen, bis alle mit dem Essen fertig sind.
Wer vom Tisch aufstehen möchte, fragt vorher.
…

Vorschläge für Regeln mit Kinderbeteiligung:
Nach dem Essen darf XY die Brettchen in die Küche tragen.
Freitags ist wie im Kindergarten Aufräumtag in deinem Zimmer. (Diese Regel hat sich mein Großer mit knapp fünf Jahren selbst gesetzt. Ich habe mich nicht beschwert!)
Wenn du dein Fahrrad abstellst, darfst du es mit **deinem** Schloss abschließen.
Nach dem Essen darfst du deinen Stuhl wieder an den Tisch schieben.
Wenn du fertig bist mit Basteln, darfst du die Sachen wieder an ihren Platz räumen.
…
Neben diesen Regeln gibt es noch allgemeine Verhaltensweisen, die ich letzten Endes den Kindern nur durch Vorleben beibringen kann.
Ein respektvoller Umgang miteinander.
Ein ressourcenschonendes Verhalten.
Eine konstruktive Streitkultur.
Sich anstrengen und sein Bestes geben lohnt sich.
Tu etwas, wenn du etwas erreichen willst.
Sei ehrlich, verlässlich und vertrauensvoll.
Behandele andere so, wie du selbst behandelt werden willst.
…

Wie viele Regeln?

Um es kurz zu machen: Ich finde, drei bis fünf aktuelle Regeln je nach Alter, Persönlichkeit und Fähigkeiten sind meiner Ansicht nach völlig ausreichend. Denn diese Regeln müssen auch eingehalten werden können und das Kind soll nicht überfordert sein. Kinder sollen das Gefühl haben, dass sie das, was die Eltern von ihnen erwarten, auch einhalten können. Es muss wirklich leistbar sein. Ansonsten geben die Kinder auf, werden aggressiv oder halten sich an gar keine Regeln mehr, da sie es „eh nicht schaffen“. Und denken Sie auch an sich selbst. Sie müssen das Einhalten der Regeln im Auge behalten, loben, erinnern und auch Konsequenzen durchführen. Wenn Sie also Ihren Alltag mit den Kindern nicht ausschließlich mit Regeln einhalten und Konsequenzen verbringen wollen, dann halten Sie die Anzahl der Regeln übersichtlich. Es gibt noch so viel mehr als Regeln, durch das Kinder richtiges Verhalten lernen können. Und mit Spaß klappt es sowieso immer besser.

Wie vereinbare ich Regeln?

Überlebensregeln werden von den Eltern festgelegt. Punkt.
Die Wald- und Wiesenregeln, die Sie auch mal bei schlechter Stimmung im Haus ignorieren können, da Sie sich die Baustelle nicht auch noch antun müssen, können Sie mit den Kindern vereinbaren. Da es je nach Alter und Fähigkeit drei bis fünf Regeln sein können, können Sie sich ganz einfach mit den Kindern hinsetzen und fragen, welche Regeln/Aufgaben sie für sich vereinbaren wollen. Als Elternteil können Sie Wünsche äußern und die Kinder auch. Sie werden überrascht sein, auf welche Ideen die Kinder kommen. Und zwar im Positiven! Kinder trauen sich manchmal mehr zu, als wir denken. So lernen Kinder, Verantwortung für ihr Handeln zu übernehmen. Sie haben sich selbst Regeln und Aufgaben gegeben, die für sie machbar und nachvollziehbar sind, da Ihre Kinder diese mit Ihnen besprochen haben. Und wenn nicht alle Regeln, die sie sich gewünscht haben, bei dieser Runde vereinbart worden sind, ist das auch nicht schlimm. Denn sobald die Regeln über die Alltagsroutine ins unbewusste Verhaltensrepertoire gewandert sind, können neue Regeln vereinbart werden. Das ist ohnehin regelmäßig aufgrund des Alters und neuer Fähigkeiten oder auch aufgrund neuer Umstände nötig.

Was ich ankündige, muss ich auch einhalten!

Kurz und knackig, ohne viele Worte.
Um glaubwürdig zu sein, müssen Sie das, was Sie ankündigen, auch einhalten. Denn sonst nützen Ihre Ankündigungen gar nichts!

Welche Konsequenzen sind angebracht?

Konsequenzen wirken nur, wenn sie angemessen und in passendem sachlichem Zusammenhang eingesetzt werden. Ein klassisches: „Du hast Fernsehverbot" ist ziemlich nutzlos, wenn es bei dem Verhalten nicht um das Thema Fernseher geht. Sachlicher Zusammenhang bedeutet also, dass die Konsequenz mit der verletzten Regel oder dem negativen Verhalten zu tun hat. Hier einige Beispiele:
Wenn das Kind trotz anderslautender Regel immer wieder die aufgebauten Playmobil-Figuren des größeren Bruders mit Absicht umwirft, darf es nicht mehr im Zimmer des Bruders mit den Figuren spielen und muss raus.
Wenn ein Kind immer wieder ohne Erlaubnis und zu schauen in Richtung Straße oder sogar über die Straße rennt, darf es nur noch an der Hand gehen.
Wenn ein Kind beim Essen die anderen Personen am Tisch mit Essen oder Wasser anspuckt, darf es nicht mit den anderen am selben Tisch sitzen oder am anderen Ende. (Vorzugsweise kleinere Kinder machen das und die sollen natürlich nicht „wirklich" alleine essen. Aber sie können am Küchentisch sitzen und die Mama sitzt dabei, während die anderen gemeinsam am Esstisch weiteressen).
Wenn ein Kind sein Auto an die Wand wirft und es in Einzelteilen zu Boden fällt, ist die logische Konsequenz daraus, dass nicht schnell ein neues Auto gekauft wird, sondern dass das Kind nun dieses Auto nicht mehr zum Spielen hat.
Ganz wichtig ist hier die Angemessenheit von Zeit und Umfang, was vom Alter und Entwicklungsstand der Kinder abhängig ist. Die Sicherheit der Kinder steht immer im Vordergrund! **Es geht nicht um eine Bestrafung! Es geht darum, dass Handlungen Konsequenzen haben.** Positive/regelkonforme Handlungen haben positive Konsequenzen und negative/nicht regelkonforme Handlungen haben negative Konsequenzen. Wenn sie diesen Gendanken als

Grundgedanken zum Thema Konsequenzen haben, ergeben sich diese ganz automatisch und sind logisch nachvollziehbar. Dann können auch schon etwas größere Kinder im Laufe der Zeit lernen, die Folgen ihres Handelns einzuschätzen und entsprechend zu handeln. Sie machen sich über die Folgen ihres Handelns Gedanken und lernen so, verantwortlich zu handeln. Diese Fähigkeit finde ich sehr wertvoll.

Manchmal ist eine kleine Pause auch ganz gut, in der jeder zur Ruhe kommen kann und sich so Spannungen auflösen können, die sich sonst „entladen" könnten. Hier ist jetzt keine Kuschelecke gemeint, sondern ein Ort im Zusammenhang mit Konsequenzen. Wenn ein Kind an einem Tag partout nicht hören will, ist eine Auszeit auf diesem besonderen Platz für einige Momente sinnvoll. Bei uns war dieser Ort in der Küche auf einem Stoffhund. Ich (Kirsten) hatte die Kinder im Blick, konnte weiter meiner Arbeit nachgehen und die Situation war entschärft. Meinem Großen taten diese Auszeiten, in denen er zuerst zur Ruhe kommen musste, so gut, dass er teilweise gefragt hat, ob er noch länger sitzen bleiben darf, weil es ihm guttut. Sie können sich meine Verwunderung beim ersten Mal vorstellen. Aber das Ergebnis spricht für sich.
Nachdem Sie Konsequenzen durchgeführt haben, finde ich es immer wichtig, dem Kind eine neue Chance zu geben, zu zeigen, dass es sich positiv verhalten kann. Dem Kind Vertrauen und Zuversicht vermitteln, dass es das in der nächsten Situation schafft.

Erinnern – Ankündigen – Durchführen

Das müssen wir als Eltern dann auch aushalten.
Dieser Ablauf ist letztendlich ganz simpel. Zeigt das Kind ein unerwünschtes Verhalten, **erinnern** die Eltern es an die bestehende Regel. Dann bekommt das Kind einen Moment Zeit, das Gehörte zu verarbeiten und ein anderes Verhalten umzusetzen. Ich kann nicht nach drei Sekunden erwarten, dass z. B. keine Duplo-Steine mehr an die Wand geworfen werden, wenn das die Regel ist. Also einen Moment Zeit geben. Dann wird erneut die Regel in Erinnerung gerufen und

die entsprechende **Konsequenz angekündigt**. „Die Duplo-Steine sind zum Bauen da. Wenn du weiter mit den Steinen wirfst, lege ich sie für fünf Minuten an die Seite." Sollte keine Verhaltensänderung eintreten, geht es an die **Durchführung**. An dieser Stelle ist es wichtig, auch wirklich das durchzuführen, was Sie angekündigt haben. Wobei die Konsequenz wie oben beschrieben angemessen und in sachlichem Zusammenhang sein muss, damit sie wirken kann. „Weil **du** die Duplo-Steine weiter an die Wand geworfen hast, lege ich sie für fünf Minuten an die Seite."

Und Ende.

Für kleinere Kinder kann dies noch recht schwer sein und sie weinen oder sind wütend. Mit diesen Emotionen sollten Sie Ihr Kind dann nicht alleine lassen. Dennoch konsequent bleiben. Sie müssen die Zeit auch nicht überbrücken oder anderweitig Ihr Kind unterhalten. Aber Sie können für es da sein.

Grenzen dürfen auch mal überschritten werden. Der Mensch ist wichtiger als das Prinzip!

Die Menschen sind nicht für die Regeln da, sondern die Regeln für die Menschen. Dementsprechend ist der Mensch auch wichtiger! Wenn ich den Kleinen vom Kindergarten abhole und er völlig traurig ist, weil er sich mit dem besten Freund gestritten hat, ist es doch erst einmal völlig egal, ob er sich wie sonst an die Regeln hält und erst die Jacke aufhängt, Schuhe auszieht und sich die Hände wäscht. Hier ist trösten wichtiger! Das Händewaschen kann warten. Auch ein „Schlumpftag" ist mal angebracht. (Bei uns ist ein Schlumpftag ein Tag, an dem der Kindergarten ausfällt, obwohl der Sprössling gesund ist, aber einfach einen Tag zu Hause spielen will. Das kann auch den ganzen Tag im Schlafanzug sein.) Das Wohlergehen steht dann im Vordergrund. Bei uns Erwachsenen geht das nicht so leicht, wir arbeiten. Aber wer wünscht sich nicht manchmal, auch einen „Schlumpftag" machen zu können? Ich gönne es den Kindern. Es gibt genug Regeln und Anforderungen, denen Kinder heute in Kindergarten und Schule genügen müssen. Freiheit da, wo Freiheit guttut.

Positive Regeln und Belohnungen

Auch finde ich es okay, mit einem Belohnungssystem zu arbeiten, wenn die Kinder es verstehen können. Wenn Sie zwei bis drei aktuelle Verhaltensregeln haben, an die sich das Kind halten soll, dann hat es Sinn zu sagen, dass es am Anfang für zwei Stunden, in denen es sich daran hält, einen Stempel/Aufkleber oder Ähnliches bekommt. Wenn es fünf Stempel gesammelt hat, wird gemeinsam z. B. ein Kuchen gebacken. Um das erwünschte Verhalten zu stärken, muss am Anfang die Belohnung schnell erfolgen. Nach einer Weile kann die Bewährungszeit ausgedehnt werden, z. B. auf einen ganzen Nachmittag. Es hängt immer vom Alter der Kinder und den Regeln ab. Hier müssen Eltern immer die familiäre Situation selbst abwägen und dann entscheiden. Fünf Regeln finde ich eine überschaubare Zahl auch für kleinere Kinder. Eben eine Handvoll. Wenn dann noch der aktuelle Stand für das Kind sichtbar ist, ist es noch besser, da es einen Ansporn gibt. Wenn die Regeln verinnerlicht worden sind, können Sie neue Regeln einführen. Das funktioniert auch mit anderen Dingen, wie z. B. die Nacht im eigenen Bett bleiben. Am Anfang denken Kinder häufig an ihre Belohnung, wie viele Stempel sie noch brauchen. Da Sind Sie als Mama/Papa schon gefordert. Im Laufe der Zeit lässt dies jedoch nach und als Elternteil „vergessen" Sie dann schon mal einen Stempel, wenn das Kind Sie nicht daran erinnert. Sie lassen das Belohnungssystem langsam ausschleichen.

Erwünschtes Verhalten loben

Jeder hat den Wunsch nach Anerkennung. Niemand schlägt ein Lob wirklich aus. Manchmal ist es Ihnen vielleicht unangenehm, gelobt zu werden, weil Sie meinen, es nicht verdient zu haben, oder Sie haben bisher nicht gelernt, es mit einem „Danke" einfach anzunehmen. Lob kann aber die Motivation erheblich steigern. Zu meiner Zeit gab es kleine Gutachten der Klassenlehrer für die Empfehlung zur weiterführenden Schule. Hier stand: „Kirstens Einsatzfreude und Leistung können durch persönliche Ansprache erheblich gesteigert werden. Bisweilen muss ihr Ehrgeiz geweckt werden." (Vielen Dank für alles an meine Grundschullehrerin.)

Wenn ich also auf das erwünschte Verhalten positiv reagiere und mein Kind lobe, macht das Kind weiter so, denn es möchte mehr gelobt werden. Genau so funktioniert es übrigens auch mit Erwachsenen. Sie erinnern sich: Damit Sie einmal kritisieren können, müssen Sie neun Mal gelobt haben. Sonst wird die Kritik nicht angenommen. Je nachdem, wie unerwünscht ein Verhalten ist, kann die Reaktion der Eltern unterschiedlich sein: Die Spannweite hierbei kann von *ignorieren* bis *vorher aufgezeigte Konsequenzen durchführen* reichen. Bei Kleinigkeiten können Sie locker auch mal darüber hinwegsehen, wenn der Rest gut ist. Erstens ist niemand perfekt, zweitens gibt es auch noch eine Tagesform und Kinder sollen ja nicht zu kleinen, willenlosen Robotern mutieren, die auf Kommando alles tun, was gesagt wird. Schlechtes Verhalten dürfen Sie zwar nicht ignorieren, aber auch nicht in den Vordergrund stellen. Wenn Sie Ihren Focus auf das richten, was gut funktioniert, fällt Ihnen das Loben leichter, das Verhalten bleibt positiv und die Stimmung ist auch besser. Denn Erziehung funktioniert nur, wenn es beiden gut geht.

Mit allen Sinnen erleben

Mit den fünf Sinnen können Sie wunderbar die Welt entdecken. Und wenn einer der Sinne aufgrund von unterschiedlichsten Gründen nicht zur Verfügung steht, kompensiert der Körper das und schärft die restlichen vier Sinne. Warum also sollten Sie in der Erziehung nicht auch alle zur Verfügung stehenden Sinne nutzen? (Ja, ich benutze das Wort Erziehung, da es keinen passenden kompakten Ausdruck für das gibt, was ich meine. Aber gibt es das nicht auch für andere Dinge wie z. B. für das Gefühl, keinen Durst mehr zu haben?) Zudem lernt es sich viel besser, wenn Sie alle Sinne nutzen. Wenn Sie etwas nur hören, behalten Sie nicht so viel, als wenn Sie es hören und lesen bzw. bei Kindern, die noch nicht lesen können, sehen. Wenn Sie Dinge dann noch selbst machen, haben Sie fast keine Chance, sich **nicht** mehr daran zu erinnern. Bei manchen Dingen wie Kochen, Gartenarbeit usw. können Sie auch noch den Geruchs- und Geschmackssinn nutzen. Wie wunderbar duftet Lavendel und wie zart fühlt er sich an, wenn Sie mit den Händen daran entlangstreichen. Wie schön leuchtend ist das Lila der Blüten. Gibt es einen Unterschied zwischen getrocknetem Lavendel und frischem? Hört sich trockener Lavendel anders an, als wenn er noch draußen in der Natur ist? Es gibt so viel zu entdecken und diese Dinge bleiben im Gedächtnis. Einfach so, ohne Mühe. Und das Beste daran: Es macht sogar noch Spaß.

Und wenn es sich nur um kleine, farbig dragierte Schokolinsen handelt. Auch die können Sie mit allen Sinnen genießen. Als ich (Kirsten) ein Teenager war, konnte ich anhand der Art und Weise, wie sich die Schokolinsenumhüllung auf der Zunge auflöste, die Farbe erkennen. Während einer Ferienfreizeit in Holland war es ein netter Spaß, weil es mir keiner geglaubt und auch kein anderer geschafft hat. Jede Farbe war etwas anders. Manche fühlten sich beim Schmelzen zart an, die blauen waren etwas rau und vom Geschmack auch etwas „chemisch". Der Geruch war immer gleich, die Farben strahlender als heute. Was wohl auch den etwas „chemisch" bitteren Geschmack der blauen Schokolinsen erklärt. ☺ Und auch das Herausholen aus der Verpackung mit dem charakteristischen „klickern" ist unverwechselbar.

Vor zwei Monaten habe ich eine Packung gekauft und wollte ausprobieren, ob das immer noch geht. Nein, tut es leider nicht. Alle lösen sich gleich auf. Die Rezeptur wurde sicherlich erneuert und die bunten Farben der 80er- und 90er-Jahre wurden in Pastelltöne geändert. Irgendwie schade.
Dass es im Alltag Zeiten gibt, in denen Wahrnehmen mit allen Sinnen besser oder schlechter funktioniert, ist völlig klar. Und solange ich mir dessen bewusst bin, muss ich mir da auch keinen Stress machen. Ich kann entspannt bleiben und auch mal fühlen, wie sich das für mich anfühlt. Das Entscheidende ist, dass ich mir darüber bewusst bin, immer wieder den Fokus daraufzulegen, die verschiedenen Sinne zu nutzen. Wenn wir als Eltern immer wieder bewusst unsere fünf Sinne einsetzen und es unseren Kindern vorleben, werden sie auch im Laufe der Zeit immer unbewusster und häufiger alle Sinne nutzen und so Informationen aufnehmen. Sie werden ein vollständigeres Bild der Welt erhalten und sich ihre Meinung aufgrund von mehr Informationen bilden können. Unsere Kinder erhalten ein besseres Verständnis ihrer Umwelt. Und damit meine ich nicht nur die Natur, sondern auch das soziale Umfeld.
Also mit Spaß und allen fünf Sinnen die Welt entdecken.

Ab in die „Hängematte“

Eine Hängematte ist doch etwas Gemütliches. Sie trägt Sie, Sie können entspannt schaukeln und sie passt sich Ihnen perfekt an. Je dichter das gewebte Netz ist, desto besser passt es sich an und desto gemütlicher ist es. Umso entspannter sind Sie. Warum sollten Sie nicht auch Ihre Erfahrungen zu einer entspannten Hängematte „weben“, die Sie trägt? Dies können Sie mit Ihren fünf Sinnen machen. Je mehr Sinne Sie für eine Erfahrung nutzen, desto enger wird Ihr „Erfahrungs-Netz“. Sie können auf mehr und vielseitigere Erfahrungen zurückgreifen und somit entspannt lernen. Lernen darf leicht sein. Lernen darf Spaß machen. Lernen darf entspannt sein. Auch ist es kein großer Zeitaufwand. Es kostet Sie nur wenige Momente am Tag, ab und an darauf zu achten, welche Sinne Sie bei Ihren alltäglichen Tätigkeiten einsetzen und ausprobieren können. Probieren Sie, experimentieren Sie, lassen Sie auch Ihr Kind ausprobieren und tauschen Sie sich mit ihm aus. Währenddessen können Sie Ihrer Tätigkeit weiter nachgehen. Diese Momente können wunderbare, verbindende Erlebnisse werden, ein Anlass sein, um weitergehende Experimente zu planen oder Antworten auf Fragen zu finden. Dies kann zu überaus interessanten und herausfordernden Überraschungen kommen: Als ich meinem damals Zweieinhalbjährigen sagte, er soll doch mal den Wind im Gesicht spüren und er dann fragte, woher der Wind komme, musste ich mir eine altersgerechte Erklärung für die elliptische Umlaufbahn der Erde um die Sonne, die Atmosphäre und die Entstehung des Windes aufgrund der Erwärmung der Luft durch die Sonneneinstrahlung einfallen lassen. Ich war ratlos, denn ich wusste im ersten Moment auch nicht, woher der Wind kam. Zudem war ich etwas geschockt von der Frage. Lösung des Problems: Ich habe meine Schwester gefragt, die mir als Ingenieurin erklärt hat, wie das funktioniert. Der Kleine stand dann auf der Wickelkommode und wir haben gemeinsam mit den Händen eine elliptische Umlaufbahn an die Wand „gemalt".

Es ist in Ordnung, etwas nicht zu wissen. Entscheidend ist der Umgang damit und wie Sie an die Informationen gelangen. Denn auch das lernen die Kinder von den Eltern. Denn solange Sie wissen, dass Sie nichts wissen, wissen Sie alles. ☺ So ähnlich hat es schon Sokrates gesagt und die alten Griechen waren nun mal richtig schlau. Und auch die haben sich schon über die „Jugend von heute" beschwert.

Fühl mal!

Als Erstes fühlen Babys. Und das Fühlen wird mit dem Älterwerden nicht weniger. Das größte Organ des Menschen ist die Haut. Sie ist eine riesige Quelle, um an Informationen über die Umwelt zu kommen. Wie fühlt es sich an, wenn Sie mit den Händen Sand und Wasser zu Modder vermischen? Wie lange müssen Sie mit den Händen den Teig für die Plätzchen kneten, bis alles gut vermischt ist? Wie fühlen sich trockene Blätter an, wenn Sie sie zwischen den Händen zerbröseln? Woher kommt der Unterschied zu nicht vertrockneten Blättern? Es gibt so viel zu entdecken und zu erklären anhand solch einfacher „Experimente". Welchen Unterschied macht Wasser bei Sand und einem Blatt aus. Was passiert mit dem Körper, wenn wir zu wenig trinken? Wie fühlt sich eine Apfelschale im Vergleich zu einer Birne an? Und nicht zu vergessen, die Umarmung zum Trösten, der aufmunternde Händedruck und das Leicht-über-den-Kopf-Streicheln, um zu zeigen, dass Sie Ihr Kind wahrnehmen. Ohne große Worte.

Schnupper mal!

Geruch ist für mich etwas sehr Spezielles. Denn wenn ich einmal einen für mich unschönen Geruch in der Nase habe, finde ich das manchmal schlimmer, als wenn ich mich gestoßen habe. Ich habe ihn dann **in** der Nase. Dass ich mich gestoßen habe, ist nur oberflächlich. Daher bin ich bei diesen „Riech-Kästen" in Museen sehr vorsichtig. Aber es gibt eben auch unverwechselbare Erinnerungen, die mit Gerüchen verbunden sind. Ich behalte sie ein Leben lang und verbinde sie mit Gefühlen. Ich mag z. B. keinen Kaffee, aber ich kann mich genau daran erinnern, wie es nach Kaffee und Kerzen bei uns zu Hause als Kind gerochen hat, wenn wir Geburtstage gefeiert haben. Es ist eine sehr schöne Erinnerung. Leider riecht Kaffee heute ganz anders! Ich liebe den Geruch von Boss Bottled! Wenn ich das rieche, erinnert es mich sofort an „Früher" und ich muss lächeln. Also warum nicht auch die Welt erschnuppern. Ich kenne jemanden, der immer erst an einem geöffneten Buch riecht. Jeder Mensch hat seinen bevorzugten Sinn und nur wenige Menschen legen den Schwerpunkt auf den Geruchssinn, die meisten Menschen präferieren Fühlen und Sehen. Ich persönlich finde es auch etwas schwierig den Fokus mal auf das Riechen zu legen, schaffe es zwischendurch aber immer wieder mal, indem ich meinen Kindern sage, dass sie an dem Obst schnuppern sollen, am Tee, an den verschiedenen Blumen … Und es lassen sich tolle Ratespiele erfinden, bei denen die Kinder Obst und Gemüse anhand nur eines Sinnes erkennen. Riecht das nach Möhre oder Gurke, was ist es? Schmeckt es nach Kirsche oder Banane? Fühlt es sich nach einer Kartoffel oder nach Sellerie an?

Hör mal!

Abgesehen davon, dass vermutlich alle Eltern Zeiten erleben, in denen sie glauben, dass ihre Kinder nie lernen, auf sie zu hören, ist *H*ören erst einmal die Wahrnehmung von Geräuschen. Die zufallende Tür, das Auto auf der Straße, der Wind in den Bäumen, das Vogelzwitschern …

Den herannahenden Krankenwagen können Sie zuerst hören und erst später sehen. Es ist also wichtig, die Ohren zu benutzen.

Es ist wunderbar, sich im Sommer auf eine Decke auf die Wiese oder den Balkon zu legen und einfach mal mit geschlossenen Augen zu lauschen. Was können Sie alles hören und welche Emotionen verbinden Sie mit diesen Geräuschen? Fühlen Sie sich unruhig und gestresst oder entspannt, empfinden Sie Glück? Auch das Erraten von Geräuschen schärft diesen Sinn und kann Spaß machen. Ist eben ein Auto vorbeigefahren oder ein LKW. War es ein Hubschrauber oder ein Flugzeug. Kommt das Polizeiauto näher oder fährt es weg. War es eine Taube oder waren es die Kraniche? Mit welchem selbstgebastelten Instrument macht Ihr Kind gerade Musik? Ist es der Topf, auf dem es mit dem Holzlöffel trommelt oder die Linsenrassel? Kann Ihr Kind am Geräusch der „Klackerschuhe“ erkennen, ob seine Mama zurückkommt oder ob es jemand anderes ist? Und besonders schön: Fällt Schnee wirklich lautlos auf die Erde?

Schau mal!

Den halben Tag laufen wir sehenden Auges blind durch die Welt. Als ich gestern meine Kinder aus dem Kindergarten abgeholt habe, kamen wir an einer Holzbank vorbei und der Große rief: „Mama, da sitzt eine Libelle!“ Selbst als ich genau hinsah, fiel es mir im ersten Moment schwer, die Libelle zu erkennen. Dabei war sie gar nicht so klein. Also einfach mal Augen auf.

Koste mal!

Geschmack ist so eine Sache. Neben süß, sauer, salzig, bitter und Rezeptoren für Umami (z. B.: der Geschmacksverstärker Glutamat) spielt auch die Intensität eine wichtige Rolle. Ich selbst probiere nicht gerne neue Geschmäcker aus. Da bin ich total feige! Daher finde ich es gut, dass mein Mann einen anderen Geschmack hat als ich und den Kindern andere Dinge zum Probieren anbietet. Zumindest **einmal** probieren – wenn sie es nicht mögen, ist es okay. Hinzu kommt auch, dass es viele unterschiedliche Konsistenzen neben dem Geschmack gibt. Klar mögen Kinder nicht so gerne grüne Sachen. Dafür können sie aber nichts. Zu Urzeiten konnte man keine grünen Beeren essen. Sie waren noch nicht reif und konnten im schlimmsten Fall zum Tode führen. Also Sachen die z. B. gelb und rot waren, waren reif und konnten gefahrlos verzehrt werden. Es kommt also mit der Zeit, dass auch „Grünzeug" auf dem Speiseplan der lieben Kleinen steht. Wie mein Lateinlehrer schon sagte: „Ihr seid noch zu jung für Rotwein. Der schmeckt erst mit 25."

Um die Kleinen zu überzeugen, verschiedene Lebensmittel zu probieren und auszutesten, hilft es, sie selber kochen, backen und schnippeln zu lassen. Nichts schmeckt so gut, wie die selbst gekochte Gemüsesuppe der Kinder. Auch wenn es letzten Endes keinen Unterschied zu Mamas Suppe gibt. Oder der selbst zusammengestellte Salat für Papa, den der Dreisternekoch in spe dann natürlich auch probiert. Oder zumindest einmal am Salatblatt knabbert.

Gleich oder gerecht?

Die große Frage lautet hier: Sollen Sie Ihre Kinder gerecht oder gleichbehandeln. Gleichheit ist in der Erziehung und beim Thema Chancengleichheit eine riesige Aufgabe. Außer Frage steht, dass jeder Mensch die Chancen haben soll, alles zu erreichen. Fakt ist aber auch, dass sich einige für das gleiche Ergebnis mehr anstrengen müssen als andere. Das ist zwar gleich, aber nicht gerecht. Hier spielt einfach das Individuum eine nicht unerhebliche Rolle. Wenn wir das nicht wollen, können wir bei dem Onlinehändler unseres Vertrauens eine für alle gerechte und baugleiche künstliche Intelligenz kaufen. Nur wo bleibt da der Spaß? ☺
Und außerdem: Wenn Sie jeden gleichbehandeln, sind trotzdem nicht alle gleich glücklich. Wenn Sie Pech haben, sind danach aber alle gleich sauer auf Sie oder enttäuscht von Ihnen.
Wie gehen Sie mit dem Dilemma gleich/gerecht jetzt um? Gute Frage, nächste Frage. Natürlich möchten Sie, dass Ihre Tochter Ingenieurin werden kann, ohne dafür dumm angeschaut zu werden oder auf eine Familie verzichten zu müssen. Oder dass sie nicht erheblich weniger jeden Monat verdient als ein nicht weiblicher Ingenieur. (Da es neben dem männlichen auch das dritte Geschlecht gibt, habe ich mich für diese Formulierung entschieden.)
Auch soll ein homosexueller Mann ohne Ausgrenzung oder Verurteilung z. B. den Bauernhof seines Vaters erben können.
Nicht zuletzt soll auch ein Mann den Beruf ausüben können, den er möchte, ohne seine Männlichkeit verteidigen zu müssen.
Hand aufs Herz: So ein Denken hat jeder selbst in der „Hand". Ist es sinnvoll, dass Sie sich über einen männlichen Geburtshelfer amüsieren, sich aber andererseits darüber aufregen, wenn jemand Ihre Tochter dafür kritisiert, dass sie Kung-Fu macht und davon träumt, später eine eigene Kung-Fu-Schule zu eröffnen?
Es fängt bei Ihnen selbst an! (Ja, diese Erkenntnis ist wohl immer mit die Härteste.)

Gleich und gerecht!

Um auf die Frage gleich oder gerecht zurückzukommen, entziehen Sie sich dem Dilemma und entscheiden Sie sich für eine andere Lösung: Seien Sie gerecht und gleich. Das erscheint mir der beste Weg für Sie und Ihre Kinder. Das könnte auch an meinem Sternzeichen liegen, da ich (Kirsten) eine Waage bin. Zudem noch eine typische. Also liegt mir das Thema von Natur aus am Herzen. Vielleicht ist das, was ich gleich beschreibe, auch für Ihre Familie der geeignete Weg, mit dieser Thematik umzugehen.

Was bedeutet gleich und was bedeutet gerecht?

Diese Frage lässt sich relativ schnell und einfach beantworten: Gleich ist eben gleich. Der gleiche Pullover, die gleichen Schuhe, das gleiche Schimpfen, die gleiche Art, die Kinder ins Bett zu bringen, die gleiche Wortwahl beim Loben. Dann kann ich allerdings gleich alles auf Band aufnehmen und bei Bedarf das Entsprechende abspielen. Langweilig und für die Kinder auch nicht schön.

Gerecht bedeutet, dass Sie unter Berücksichtigung des Individuums und der Situation Entscheidungen treffen. Ja, das ist anstrengend und erfordert ein stetiges Abwägen. Aber das stört mich persönlich nicht. Sternzeichen Waage, falls sie es vergessen haben. Alle anderen können dies aber auch! Fische haben hier keine Ausreden. ☺ Ihr Fokus liegt auf Ihrem Kind. Dieses stellen Sie in den Mittelpunkt. Das heißt nicht, dass Ihr Kind alles bekommt. Es bedeutet schlicht, dass Sie für Ihre Entscheidungen und Ihr entsprechendes Verhalten ein Individuum im Blick haben und sich selbst nicht der Wahlmöglichkeiten im Umgang berauben.

Gummibärchen für alle. Hurra! Oder nicht?

Mit Gummibärchen kann ich doch wirklich alle glücklich machen. Oder??
Wenn ich Seminare abhalte, habe ich immer eine kleine Tüte Gummibärchen auf jeden Teilnehmerstuhl gelegt, weil ich es zum einen eine nette Geste finde und zum anderen tut etwas „Nervennahrung" zwischendurch auch gut. Bis ich

bei einer Workshop-Reihe festgestellt habe, dass die kleinen Tütchen entweder an andere Teilnehmer verschenkt oder liegen gelassen worden sind. Das hatte ich bis dahin nicht erlebt. Und eine Woche später das gleiche Verhalten in der Gruppe. Es hat mich etwas irritiert und verletzt, dass meine gut gemeinte Geste nicht so aufgenommen worden ist, wie ich es erwartet hatte. Bis mir klar wurde, dass einige Teilnehmer aufgrund von religiösen Essensvorschriften keine Gummibärchen essen. Ich habe also mit bestem Wissen und Gewissen meinen Work-Shop-Teilnehmern etwas Gutes tun wollen und habe alle gleich behandelt – mit dem oben genannten Ergebnis. Also *gleich* hat es hier nicht gebracht.

Unterschiede in der Entwicklung

Hinzu kommen auch noch Alters- und Entwicklungsunterschiede. Wenn Sie einem Vorschulkind einen Füller kaufen, weil es schon ziemlich gut schreiben kann und der kleine Bruder will mit zweieinhalb Jahren auch **unbedingt** einen Füller, dann kann eine Mama schon ganz schön ins Schwitzen kommen. Denn ein Füller ist definitiv noch nichts für den kleinen Knirps. Und nur weil das so ist, muss der Große doch nicht darauf verzichten. Auch kann es innerhalb eines Alters erhebliche Entwicklungsunterschiede von bis zu zwei Jahren nach oben und unten geben.
Hier erhalten Sie eine kleine Auflistung der Lösungsmöglichkeiten für die Situation, die Sie gerne beliebig erweitern können. Ich bin für Vorschläge offen.

Lösungsansätze Gleichheit

Jeder bekommt einen Füller. (Ich habe definitiv zu viel Phantasie, um mir Szenarien vorzustellen, die mit Kleinkindern, Tinte und spitzen Federn zu tun haben.)
Keiner bekommt einen Füller. (Die Tränen sind vorprogrammiert.)

Lösungsansatz Gerechtigkeit

Der Große bekommt einen Füller und dem Kleinen wird erklärt, dass er später, wenn er in die Schule kommt, auch einen Füller bekommen wird. Und zudem sind zu Hause genug Stifte. (Respekt für jeden, der diese Variante erfolgreich ohne Tränen durchziehen kann.)

Der Große bekommt seinen Füller und der Kleine erhält zu Hause einen ähnlichen Bleistift aus dem vorhandenen Sortiment. (Mein praktizierter Lösungsansatz. Denn warum sollte ich mir wegen so einer Kleinigkeit das Leben selbst schwer machen. Ich bewahre mir meine Energien für andere Situationen auf.)

Kreative Lösungsansätze

Der Große bekommt einen Füller und dem Kleinen erkläre ich, dass er beim nächsten Mal ein kleines Pixi-Büchlein bekommt. Und dann bekommt der Große nichts. (Denn die für Kinder und auch für Erwachsene sehr betrübliche Wahrheit lautet: Ich bekomme nicht immer, was ich will, und ich kann auch nicht immer etwas kaufen. Manchmal muss ich warten, manchmal muss ich etwas dafür tun und dann gibt es auch Dinge, die ich nie bekomme. Tja, so ist das Leben. Daher bin ich auch dankbar, dass ich die Chance habe, dieses Buch zu schreiben.)
Also, welche kreativen Lösungsansätze haben Sie? Geben Sie alles. ☺

…

…

…

Sicher begegnen Ihnen solche Situationen immer wieder in Ihrem Alltag:
„Merle darf sich verabreden. Ich will auch!"
„Warum bekommt Noah jetzt ein Buch und ich nicht?"
„Warum hast du nur Schokoeis eingekauft? Ich hasse Schokoeis!"
Können Sie sich noch an eine Situation aus Ihrer Kindheit erinnern? Erinnern Sie sich ruhig an so einen Moment und überlegen Sie, wie die Situation mit den verschiedenen Lösungsansätzen abgelaufen wäre. Finden Sie für sich heraus, wie Sie bei Ihren eigenen Kindern beim nächsten Mal handeln wollen. Denn so etwas lässt sich besser in einer ruhigen Minute durchdenken als in der Hektik einer Alltagssituation.

Das Beste für jedes Kind – ungleich, aber gerecht.

Meiner Erfahrung nach, ist eine „ungleiche“, aber gerechte Behandlung der beste Weg. Denn auf diese Weise können Sie jedem Kind individuell gerecht werden. So ermöglichen Sie allen die gleiche Chance, sich selbst, die eigene Persönlichkeit, zu entwickeln und zu zeigen, und damit auch die gleiche Chance, sich selbst zu verwirklichen. Liegt darin nicht die Gerechtigkeit in der Ungleichheit und damit die Gleichheit in der Ungleichheit?

Jedes Kind individuell entdecken

Lassen Sie sich auf das große Abenteuer ein und entdecken Sie die Individualität Ihres Kindes. Es wird das Spannendste, Lustigste, Frustrierendste, Angsteinflößendste, Erkenntnisreichste … und Liebevollste sein, was Sie mit Ihrem Kind machen können. Aber auch das, was Sie am meisten verbinden wird. Und ist es nicht das, was Eltern sich für ihre Kinder wünschen: dass sie wissen, wer sie sind, und dass sie glücklich sind. Denn dann kann die Welt kommen.
(Das gilt auch für uns Eltern, die alle im gleichen Boot sitzen. Ob das wohl gerecht ist …? ☺)

Checklisten

Trance: Wellnesscenter

Unter diesem Link bzw. QR Code können Sie sich die Trance zur Entspannung als Audiodatei herunterladen:

https://www.nlp-impulse.com/dl/wellness.mp3

Stelle dich darauf ein, dass du gleich entspannst… mache es dir da, wo du gerade bist bequem... im Sitzen… oder im Liegen… und spüre die Auflagefläche deines Körpers… wie du getragen wirst… und sich ein sicheres Gefühl in deinem Körper ausbreitet…

Mit jedem tiefen Atemzug entspannst du dich… mehr und mehr… dein Körper sinkt immer tiefer… und tiefer… in die Auflage… während du deinen Atem in seiner eigenen Art… und Weise fließen… lässt…

Gedanken kommen und gehen… du kannst sie wie Wolken am Himmel vorbeiziehen lassen… und du genießt… dass du sie einfach nur beobachtest…

Mit jedem weiteren tiefen Atemzug darfst du mehr… und mehr loslassen… tiefer und tiefer… in diesen angenehmen Zustand… gleiten… und dich der Weisheit deines Unterbewusstseins anvertrauen…

Nimm wahr… wie du dich weiter entspannst… und noch mehr… loslässt… während

du erleben kannst… wie es sich anfühlt… wenn dein Bewusstsein bemerkt… wie es ist… wenn es jetzt… oder nach einigen Atemzügen… pausieren kann… und deinem Unterbewusstsein erlaubt… in angenehmer Art und… Weise… schöne Bilder… und angenehme Gefühle… erscheinen zu lassen…
Wenn ich von 10… bis 1 zähle… und du dich dabei immer tiefer und tiefer entspannen kannst… erlaube deinem Bewusstsein… sich auszuruhen… und vertraue… deinem Unterbewusstsein… und den schönen Bildern… und auch… angenehmen Gefühlen… mit denen du dich wohl… und entspannt fühlst...
10… 9… 8… 7… 6… 5… 4… 3… 2… 1…

Spüre… wie dein ganzer Körper… sich in einem Zustand… des Wohlbefindens… und der Entspannung… wiederfindet… und du tief in dir eine wunderschöne und starke… Quelle entdeckst… die deine dir… eigene Quelle… für Entspannung… geistige und… seelische Kraft ist…
Freude durchflutet deinen ganzen Körper… bei dieser Erkenntnis… und du nimmst wahr… wie du… immer… mehr… loslässt… und gleichzeitig Kraft in dir spürst… und wie deine schönen Bilder… intensiver... und angenehmer werden…
Sei nicht allzu sehr überrascht, wenn du… immer mehr… und mehr Wohlbefinden und positive Energie… wahrnimmst… du darfst… genießen… spüren… und vielleicht begleitet dich… ein dir angenehmer Duft… oder vielleicht… nimmst du wahr… wie eine… oder mehrere dir angenehme Farben… dich noch mehr… in deiner dir eigenen… und ganz besonderen… Art und… Weise begleiten und… wahrnehmen lassen…
Und du schätzt… dich… und deine dir eigene innere Quelle… für ihre Art und… Weise… Entscheidungen… zu treffen… während du spürst, wie sich deine Entspannung verstärkt… und du mit neuer Kraft und Energie… ausgestattet… dich in besonderer… Weise… leichter… wahr… nimmst…
Erlaube dir zu bemerken… wie sich die angenehmen Empfindungen verdoppeln… und nochmal verdoppeln… und du sie voll und ganz genießen kannst…
Zufriedenheit durchströmt dich… die du mit Freude… zur Kenntnis… nimmst… und die immer kraftvoller wird… und sich immer mehr verstärkt... ja… genau…
Nimm nun wahr… wie jede Zelle deines Körpers… erfüllt wird… von diesen angenehmen und… sehr intensiven Gefühlen… und speichere diese Informationen…

sicher… um immer Zugang zu ihnen zu haben… sie nutzen zu können… sei stolz auf das… was du geschafft hast...

Es wird nun langsam Zeit… in das Hier und Jetzt zurückzukehren… nimm war, wie du in deinem Tempo… mit allen neuen Erkenntnissen und Gefühlen… die dir auch weiterhin zur Verfügung stehen… in diesem Moment ankommst...

Genieße deine Erkenntnisse und… freue dich über diese Erfahrung…

Orientiere dich immer mehr im Hier und Jetzt… wenn ich von 1 bis 3 gezählt habe… wirst du bei 3 erfrischt und munter mit neuer Energie… wie nach einem erholsamen Schlaf… deine Augen öffnen und den Raum um dich herum wahrnehmen…

1… 2… 3… recke und strecke dich… höre, was um dich herum zu hören ist… sehe… was um dich herum passiert… spüre… rieche… und schmecke…

Checkliste: Wellnesscenter

Hier also der **Drei-Stufen-Plan für einen besseren Zustand**

Wie?
Nehmen Sie sich einen Moment Zeit, um sich mit allen Sinnen an eine angenehme Situation zu erinnern – tun Sie dabei so, als wäre es jetzt.

Wann?
In Situationen, in denen Sie sich in keinem guten Zustand befinden.

Wer?
Das gilt nicht nur für Erwachsene. Auch Kinder können so ihren Gefühlszustand verändern.

Wenn Sie nun herausgefunden haben, wie sich das gewünschte Gefühl, dieser gute Zustand anfühlt, aussieht, sich anhört, riecht und schmeckt, nehmen Sie dies genau wahr! Es muss nicht alles dabei sein. Das Gefühl aber schon!

Genießen Sie es! Gönnen Sie es sich!
Behalten Sie es!

Wie komme ich zum guten Zustand?

Wie fühlt es sich an?

warm kalt fließend still langsam schnell …

Wo spüren Sie es?

Kopf Bauch ganzer Körper Brust …

Hat es eine Farbe?

durchschimmernd kräftig hell dunkel …

Ist ein Geräusch dabei?

Laut leise weit weg nah …

Hat es einen Geruch?

dezent kräftig …

Hat es einen Geschmack?

schwach intensiv würzig süß …

Mein guter Zustand

Wie?

Wie fühlt es sich an?

Wo spüre ich es?

Hat es eine Farbe?

Ist ein Geräusch dabei?

Hat es einen Geruch?

Hat es einen Geschmack?

Wann?

Wann tritt ein schlechter Zustand auf?
Woran merken Sie, dass Sie in keinem guten Zustand sind?

Wer?

Das gilt übrigens nicht nur für Erwachsene. Auch Kinder können so ihren Gefühlszustand verändern. Bei recht kleinen Kindern können Sie dies z. B. durch eine kleine entspannende Geschichte machen. Erinnern Sie Ihr Kind daran, wie es war, als es entspannt war, sich gut gefühlt hat, Spaß hatte und holen Sie dieses Gefühl in die Gegenwart.

Checkliste: Handlungsalternativen

Wenn etwas nicht funktioniert, tun Sie etwas anderes.

Beispiel 1 für Handlungsalternativen

Sachverhalt
Das Kind zieht den Schlafanzug nicht an und spielt weiterhin in seinem Zimmer, statt ins Bett zu gehen.
Bisheriges Verhalten
Immer wieder rufen, dass sich das Kind endlich umziehen und endlich ins Bett gehen soll.
Handlungsalternative
Sie gehen in das Zimmer und machen das Deckenlicht aus und die Nachttischlampe an. Sie begeben sich mit Ihrem Kind auf Augenhöhe und sagen ihm ruhig, dass es sich jetzt den Schlafanzug anziehen und ins Bett gehen soll, damit noch Zeit für eine Geschichte bleibt.

Beispiel 2 für Handlungsalternativen

Sachverhalt
Das Kind rennt jeden Tag mit Schuhen und Jacke quer durch die Wohnung, wenn Sie nach Hause kommen.
Bisheriges Verhalten
Sie rennen dem Kind hinterher, fangen es ein, ärgern sich über den Dreck auf dem Teppich und die Zeit, die dafür wieder draufgeht, und ziehen irgendwie dem Kind Schuhe und Jacke aus.
Handlungsalternative
Sie schließen bereits, bevor Sie das Haus verlassen, die Türen, die aus dem Flur in andere Räume führen, sodass der Weg versperrt ist und sich das Kind von Ihnen ausziehen lässt und auch mithilft.

Mein eigenes Beispiel für Handlungsalternativen

Sachverhalt
Bisheriges Verhalten
Handlungsalternative

Mein eigenes Beispiel für Handlungsalternativen

Sachverhalt

Bisheriges Verhalten

Handlungsalternative

Checkliste: Reframing

Beispiele:

Problem 1:	Sie rennen Ihren Kindern hinterher …	… im Supermarkt
Lösung 1:	Im Supermarkt … … geben Sie Ihren Kindern Aufträge.	Im Garten … … rennen Sie Ihren Kindern hinterher.
Problem 2:	Ihr Kind erzeugt eine Staubexplosion …	… in der Küche
Lösung 2:	Bei einem physikalischen Experiment unter Aufsicht … Erzeugt Ihr Kind im Sandkasten im eigenen Garten aus sicherer Entfernung eine Staubexplosion, indem es durch einen Gartenschlauch in einen Trichter mit Mehl vor dem eine brennende Fackel steht, hineinpustet	In der Küche … backt Ihr Kind zusammen mit Ihnen einen Kuchen, bei dem Mehl eine gänzlich andere Verwendung findet.
Problem 3:	Das Kind schreibt Worte nach Gehör …	… im Diktat
Lösung 3:	Im Diktat … … schreibt das Kind Worte korrekt nach eindeutigem Wortbild.	Beim kreativen Erfinden neuer Schreibweisen … … schreibt das Kind Worte nach Gehör.

Mein eigenes Verhaltensprojekt:

1.	**Mein Problemverhalten im aktuellen Kontext**	
2.	**Verhalten**	**Kontext**
3.	**Altes Verhalten im Kontext**	
4.		**Neues Verhaltn im Kontext**

Checkliste: Feedback-Hamburger

Kritik wird nur angenommen, wenn es im Verhältnis 9:1 steht!
neun Mal Lob : ein Mal konstruktive Kritik

LOB LOB LOB LOB LOB LOB LOB LOB LOB
konstruktive Kritik
LOB LOB LOB LOB LOB LOB LOB LOB LOB

Beispiele für Lob:

- Klasse. Das hast du gut gemacht. Du bist bestimmt stolz darauf!
- Du bist sicherlich sehr glücklich über dein Ergebnis!
- Sehr gut. Du freust dich sicherlich, dass du das geschafft hast!
- Schön, bestimmt bist du zufrieden mit dem, was du geschafft hast!
- Das hast du sehr genau gemacht! Es sieht toll aus!
- Hurra! Du bist sicher stolz auf dich, dass du das jetzt kannst!

Meine eigenen Ideen für Lob:

Sie können stolz auf sich sein, Sie haben noch mehr Möglichkeiten zum Loben gefunden.

Konstruktive Kritik ist

- **Präzise:** Sie beziehen sich konkret auf eine problematische Situation.
- **Respektvoll:** Sie werten Ihr Gegenüber nicht ab, Sie sind respektvoll.
- **Sachlich:** Sie benennen das problematische Verhalten.
- **Lösungsorientiert:** Sie bieten Lösungen/Alternativen an.

Beispiele für konstruktive Kritik

Sachverhalt
Charlotte hat mit ihrer Mutter vereinbart, dass sie in ihrem Zimmer erst die Barbies und das Lego aufräumt, bevor sie mit dem Puzzle spielen darf. Sie hat allerdings nur die Puppen an ihren Platz gelegt.
LOB
Charlotte, schön, dass du die Puppen aufgeräumt hast.
Konstruktive Kritik in freundlichem Tonfall
Wir haben vereinbart, dass du vor dem Puzzeln auch das Lego in die Kiste packst. Das hast du nicht gemacht, es liegt noch auf dem Boden zwischen den Puzzleteilen. Räum das Lego jetzt in die Kiste.
LOB
Dann kannst du besser deine schön gepuzzelten Bilder sehen.

Mein eigenes Beispiel für konstruktive Kritik

Sachverhalt
LOB
Konstruktive Kritik in freundlichem Tonfall
LOB

Mein eigenes Beispiel für konstruktive Kritik

Sachverhalt

LOB

Konstruktive Kritik in freundlichem Tonfall

LOB

Checkliste: Logische Konsequenzen

- Logische Konsequenzen sind keine Bestrafung!
- Strafen führen ohnehin nur dazu, dass das Kind lernt, sich nicht erwischen zu lassen.
- Logische Konsequenzen stehen immer in einem sachlichen Zusammenhang mit der Regelverletzung.
- Logische Konsequenzen müssen dem Alter und der Entwicklung angemessen sein.
- Wenn Sie logische Konsequenzen ankündigen, sollten Sie diese auch einhalten, denn sonst werden Sie unglaubwürdig.
- Also überlegen Sie sich gut, was Sie ankündigen!

Beispiel 1:

Regel
Autos sind zum Spielen da – sie werden nicht an die Wand geworfen.
Regelverletzung
Das Auto fliegt mit Wucht an die Wand und fällt, in seine Einzelteile zerlegt, auf den Boden.
Logische Konsequenz
Das Auto ist kaputt und steht zum Spielen nicht mehr zur Verfügung. Für den Verlust dürfen Sie Ihr Kind ruhig trösten ☺

Beispiel 2:

Regel
Mit dem Spielzeughammer wird nur auf der dafür vorgesehenen Werkbank geklopft. Geschwister und Haustiere werden nur sanft berührt.
Regelverletzung
Der Bruder wurde mit dem Spielzeughammer geschlagen.
Logische Konsequenz
Der Spielzeughammer steht für einen abgesprochenen Zeitraum nicht mehr zur Verfügung

Mein eigenes Beispiel:

Regel

Regelverletzung

Logische Konsequenz

Mein eigenes Beispiel:

Regel

Regelverletzung

Logische Konsequenz

Erinnern – Ankündigen – Durchführen von logischen Konsequenzen

Beispiel:

Schritt 1: Sie erkennen eine Regelverletzung
Der Bruder wurde mit dem Spielzeughammer geschlagen.
Schritt 2: Sie erinnern an die Regel und geben Zeit für die Verhaltensänderung
„Mit dem Spielzeughammer wird nur auf der dafür vorgesehen Werkbank geklopft. Geschwister und Haustiere werden nur sanft berührt. Du hast gerade deinen Bruder mit dem Hammer geschlagen – das tut ihm weh. Bitte klopfe mit dem Hammer nur auf der Werkbank.“ Warten … warten … warten … Außer es ist Gefahr in Verzug – dann müssen Sie natürlich schnell handeln☺
Schritt 3: Ankündigen der Konsequenz
„Wenn du nicht aufhörst, deinen Bruder zu schlagen, lege ich den Spielzeughammer für fünf Minuten an die Seite.“
Schritt 4: Sie geben Ihrem Kind eine Chance, sein Verhalten zu verändern, und warten ab.
Warten … warten … warten … Außer es ist Gefahr in Verzug – dann müssen Sie natürlich schnell handeln☺

Schritt 5: Falls sich nichts ändert, führen Sie die Konsequenz durch

„Weil du deinen Bruder weiterhin mit dem Spielzeughammer geschlagen hast, lege ich ihn jetzt für fünf Minuten an die Seite. Dann bekommst du ihn wieder zurück.“

Hammer wegpacken und bewachen!

Mein eigenes Beispiel:

Schritt 1: Sie erkennen eine Regelverletzung

Schritt 2: Sie erinnern an die Regel und gebe Zeit für die Verhaltensänderung

Warten … warten … warten …
Außer es ist Gefahr in Verzug – dann müssen Sie natürlich schnell handeln☺

Schritt 3: Ankündigen der Konsequenz

Schritt 4: Sie geben Ihrem Kind eine Chance, sein Verhalten zu verändern, und warten ab.

Warten … warten … warten …
Außer es ist Gefahr in Verzug – dann müssen Sie natürlich schnell handeln☺

Schritt 5: Falls sich nichts ändert, führen Sie die Konsequenz durch

Umgehen der Konsequenz unterbinden!

Checkliste: Familienregeln

Überlebenswichtige Regeln (Eltern)

Bei überlebenswichtigen Regeln geht es um physische und psychische Unversehrtheit – nicht um Tischmanieren!

Diese Regeln werden immer durchgesetzt!

Überlebenswichtige Regeln

Wald-und-Wiesen-Regeln (mit Kinderbeteiligung)

Wald-und-Wiesen-Regeln sind die Kür
Diese Regeln werden nur durchgesetzt, wenn es allen Beteiligten gut geht!
Je nach Alter sind das maximal drei bis fünf Regeln

Wald-und-Wiesen-Regeln

Checkliste: S.M.A.R.T

Die Zielsetzung sollte für die betreffende Person attraktiv sein und der erste Schritt innerhalb von 48 Stunden erfolgen.

Beispiel:

Schritt 1: spezifisch
Das Ziel ist konkret formuliert. Das Kind ist gewaschen und in Schlafbekleidung in seinem Zimmer.
Schritt 2: messbar
Sie können kontrollieren, ob das Ziel erreicht ist. Hat das Kind die Schlafbekleidung an? Ist das Kind in seinem Zimmer?
Schritt 3: attraktiv
Das Ziel ist attraktiv. Nach der Zielerreichung ist noch genug Zeit zum Vorlesen da.
Schritt 4: realistisch
Das Ziel ist realistisch. Das Kind kann sich bereits selbstständig waschen, die Zähne putzen, anziehen und den Weg ins Zimmer finden.
Schritt 5: terminiert
Es gibt einen festen Zeitpunkt für die Zielerreichung. 19:00 Uhr

Mein eigenes Beispiel:

Schritt 1: spezifisch

Das Ziel ist konkret formuliert.

Schritt 2: messbar

Sie können kontrollieren, ob das Ziel erreicht ist.

Schritt 3: attraktiv

Das Ziel ist attraktiv.

Schritt 4: realistisch

Das Ziel ist realistisch.

Schritt 5: terminiert

Es gibt einen festen Zeitpunkt für die Zielerreichung.

Mein eigenes Beispiel:

Schritt 1: spezifisch
Das Ziel ist konkret formuliert.
Schritt 2: messbar
Sie können kontrollieren, ob das Ziel erreicht ist.
Schritt 3: attraktiv
Das Ziel ist attraktiv.
Schritt 4: realistisch
Das Ziel ist realistisch.
Schritt 5: terminiert
Es gibt einen festen Zeitpunkt für die Zielerreichung.

Checkliste: Was ist gerecht?

Behalten Sie die Individualität Ihrer Kinder im Blick! Eine „ungleiche" individuelle, aber gerechte Behandlung ist der beste Weg. So stehen jedem alle Wege offen. Denn niemand ist wie der andere. Wir haben alle eigene Fähigkeiten, Ideen, Wünsche und Träume.

Beispiel:

Ausgangssituation: Das Vorschulkind möchte einen Füller zum Üben, da es motorisch schon so weit ist. Der kleine Bruder möchte mit zweieinhalb Jahren auch einen Füller haben.

Lösungsansatz Gleichheit
Jeder bekommt einen Füller. Keiner bekommt einen Füller.
Lösungsansatz Gerechtigkeit
Das Vorschulkind bekommt einen Füller. Das Kleinkind bekommt einen Füller, wenn es alt genug ist. (Bis dahin kann es einen bereits vorhandenen und geeigneten Stift haben.)
Individueller Lösungsansatz
Das Vorschulkind bekommt einen Füller. Das Kleinkind bekommt beim nächsten Einkauf ein Pixi-Buch oder Ähnliches. Und das Vorschulkind bekommt nichts.

Denn die für Kinder und auch für Erwachsene sehr betrübliche Wahrheit lautet: Man bekommt nicht immer, was man will, und man kann auch nicht immer etwas kaufen. Manchmal muss man warten, manchmal muss man etwas dafür tun und dann gibt es auch Dinge, die man nie bekommt. Tja, so ist das Leben. Und es ist dennoch schön!

Meine eigenen Beispiele:

Lösungsansatz Gleichheit

Lösungsansatz Gerechtigkeit

Individueller Lösungsansatz

Meine eigenen Beispiele:

Lösungsansatz Gleichheit
Lösungsansatz Gerechtigkeit
Individueller Lösungsansatz

Zeitreise: Ziele werden Wirklichkeit

Unter diesem Link bzw. QR Code können Sie sich die Zeitreise als Audiodatei herunterladen:

https://www.nlp-impulse.com/dl/ziele.mp3

Lassen Sie sich – wann immer Sie ein Ziel erreichen möchten – auf eine Zeitreise ein, um die Zukunft bereits heute mit allen Sinnen zu erproben. Denn Ihr Gehirn kann mental und real nicht unterscheiden.
Zeitreisen bieten eine gute Möglichkeit, Pläne mental zu erkunden. So können Sie herausfinden, wie attraktiv ein Ziel mit allen zukünftigen Konsequenzen wirklich ist. Ist der Plan bereits gut gelungen oder ist das Ergebnis nur kurzfristig attraktiv, langfristig überwiegen jedoch die unangenehmen Nebenwirkungen? Das bedeutet, dass noch nachgebessert werden sollte oder ein neuer, ganz anderer Plan die wirkliche Lösung darstellt.
Die Zeitreise ist in der „Du-Form“ geschrieben. Das hat den Vorteil, dass Sie sie auch mit Ihren Kindern durchführen können. Sie brauchen dann nur in entspanntem, ruhigem Tonfall vorzulesen – die Kinder werden Ihren Worten folgen.

Beschließe, dass du dich gleich entspannen wirst … Mache es dir auf deiner Sitzgelegenheit … oder deinem Liegeplatz … gemütlich … Spüre die Auflagefläche und genieße,

dass du von ihr getragen wirst … während du einige tiefe Atemzüge nimmst …
Danach lasse deinen Atem einfach weiter in seiner eigenen Art und … Weise … ein-… und ausströmen … ein … und aus …
Nun darfst du gleich in Gedanken zu deinem Wohlfühlort gehen …
Dein Weg führt über drei große Podeste in die Tiefe …
Zuerst gehst du einige breite Stufen nach unten … und während du ruhig und entspannt weiteratmest, begleite ich dich durch Zählen … 333 … 222 … 111 …
Danach geht es noch tiefer hinunter … und bei der nächsten Etappe kannst du wählen, ob du lieber einen Aufzug oder die Treppe nach unten nehmen möchtest …
Mit dem Zählen von 10 bis 1 kannst du dich leicht an den für dich idealen Ort begeben, an dem du dich vollständig sicher und wohlfühlst … Dort befindest du dich auf einer anderen Ebene … tiefer … viel tiefer als zuvor … 10 … 9 … 8 … 7 … 6 … 5 … 4 … 3 … 2 …1 …
Jetzt bist du dort angekommen … und ein angenehmes Wohlbefinden … macht sich in dir breit …
und da bemerkst du auch schon … Es steht eine Zeitmaschine für dich bereit … Vielleicht bist du schon neugierig, wohin dich die Zeitreise führt, die du gleich beginnen wirst …
Steige nun ein und mache dich mit den Knöpfen, Schaltern und Reglern in der Zeitmaschine vertraut … dir steht ein erfahrener Zeitreisender als Berater zur Verfügung, den du nach allem fragen kannst, was dich interessiert … er gibt dir bereitwillig Auskunft … wie genau … du deine Zeitmaschine programmieren kannst …
Nun starte deine Zeitmaschine und reise in die Zukunft, in der dein Ziel … dein Plan … schon lange Wirklichkeit geworden ist …
Erlebe mit allen Sinnen … wie es ist … in dieser Zukunft zu sein … erlebe alle Vorteile und auch die Nachteile deines Planes und lass dich von den weisen Ratgebern … die dir hier zur Verfügung stehen … beraten … dir zeigen … wie deine Zukunft wirklich angenehm … und glücklich sein kann …
Nutze diese Zeitreise … und während du jetzt diese sehr angenehme Zukunft genießen kannst … nimm mit allen Sinnen wahr, wie es ist … hier an deinem wirklichen Ziel … ein glückliches Leben zu leben … angekommen zu sein … nimm ganz genau wahr… Was genau siehst du? … Wo genau befindest du dich gerade? … Vielleicht sind da noch andere Personen … oder wer oder was auch immer … schau genau hin … beobachte … und nimm alle Informationen … in dich auf…

Kann es sein, dass du auch einen typischen Geruch oder Geschmack bemerkst … der zu dieser Szene gehört? …
Nimm einen tiefen Atemzug, um das zu prüfen … und richte deine Aufmerksamkeit auch auf deine Zunge … was genau schmeckst du?
Benutze nun deine Ohren und … nimm wahr … was es in dieser Szene zu hören gibt … hörst du Stimmen oder Geräusche … vielleicht Musik … oder Geräusche der Natur … oder einfach nur Stille …
Vielleicht bemerkst du auch, wie genau du zu dir selbst sagst: „Alles ist gut gelaufen … und so geht es auch weiter!" …
Richte deine Aufmerksamkeit nun auf deinen Körper … und nimm alle Berührungen und inneren Körpergefühle … ganz genau … wahr …
Wie fühlt es sich an … Spüre schon jetzt die Zufriedenheit und Freude … und bemerke mehr und mehr diese angenehmen Gefühle … vielleicht eher schwer oder leicht … eher warm oder kühl … eher fließend … schwebend … kribbelnd … strömend … pulsierend … oder wie auch immer du diese Gefühle wahrnimmst … es ist für jeden Fall gut so, wie es ist …
Nimm nun die Freude und Zufriedenheit intensiv wahr … erlaube deinen Gefühlen, dass sie sich verdoppeln, während du sie spürst … und noch einmal verdoppeln und weiter verstärken … Ja, genau …
Achte nun darauf, wie diese intensiven Gefühle … jede Zelle deines Körpers erfüllen …
Nimm jede wichtige Information mit all deinen Sinnen wahr … und bewahre sie in dir auf, damit du sie immer nutzen kannst …
Nun wird es Zeit … wieder aus der Zukunft zurück zum jetzigen Moment zu kommen … Programmiere deine Zeitmaschine wieder auf die Gegenwart … und lass dich überraschen, wie schnell du wieder … mit all deinen neuen Erfahrungen … die du ab jetzt natürlich nutzen kannst … hier angekommen bist …
Genieße deine Erkenntnisse … und orientiere dich gleich … wenn ich von 1 bis 3 zähle … bei der Zahl 3 wieder ganz in diesem Raum und dieser Zeit … und öffne bei 3 erfrischt und munter … wie nach einem erholsamen Schlaf … deine Augen … 1 … 2 … 3 … recke und strecke dich … sieh dich im Raum um … höre genau hin … rieche … schmecke … und fühle …

Danksagung

Wir bedanken uns bei unseren Kindern für ihre tägliche Inspiration uns neue Wege gehen zu lassen, kreative Lösungen zu finden und unser bisheriges Handeln zu überdenken. Für ihre Liebe, ihr Lachen und jede ihrer Umarmungen.
Sie sind kostbar!

Auch danken wir unseren Klienten dafür, dass sie uns an ihren Sorgen und deren Lösung teilhaben ließen. Dabei haben wir viel gelernt.

Unseren Freunden, Kollegen und Kursteilnehmern danken wir für inspirierende Fragen, Gespräche und Hinweise. Der Austausch mit ihnen hat unsere Wahrnehmung verfeinert und unseren Humor vertieft.

Für ihre unendliche Geduld und Rücksichtnahme während unserer Schreibanfälle danken wir auch unseren Familien, die uns den Rücken freigehalten haben, sodass dieses Buch entstehen konnte.

Hinweise auf unsere Angebote

NLP-IMPULSE

Trainernetzwerk

Kirsten Frielinghausen-Labitzky

Homepage: www.jeder-kann-lernen.de

Gudrun Heinrichmeyer

Homepage: www.nlp-impulse.com

Ausbildungen in NLP und systemischen Verfahren

Maßgeschneiderte Bildungsmaßnahmen und Projekte

Einzel- und Gruppenberatung wie Coaching, Psychotherapie und Supervision.

Lerncoachings

Seminare und Vorträge u.a. zum Thema Lernen

Online-Seminare zu: **Auch Mamas sind mal wütich!**
Erziehungslust satt Erziehungsfrust

Mail: info@jeder-kann-lernen.de
Telefon: 0170 7091699

Mail: info@nlp-impulse.com
Telefon: 0160 97708876

Jeder-kann-lernen

Printed in Germany
by Amazon Distribution
GmbH, Leipzig

21201826R00087